하늘에서 내려온
8가지 복

노치준 지음

하늘에서 내려온 8가지 복

추천사

저의 오랜 친구이며 또한 동역자이기도 한 노치준 목사님께서 주님이 말씀하신 8복을 주제로 귀한 책을 내게 된 것을 무척 기쁘게 생각합니다. 노목사님이 대학에서 교편을 잡고 있을 때에는 주로 논문 형식의 저서와 역서를 여러 권 냈습니다. 이제 목회의 길을 가면서 하나님의 말씀을 가지고 이처럼 책을 쓰게 되니, 그를 목회의 길로 인도하신 주님께 감사를 드립니다.

이 책은 말씀 중의 말씀이라 할 수 있는 주님의 산상 수훈 가운데 8복을 깊이 묵상하여 나온 것입니다. 이 글을 통해 8복의 의미를 우리 삶의 현장에서 발견하고 실천하는 데 많은 도움을 받을 수 있을 것입니다. 이 책을 여러 성도님들이 읽고 주님의 깊으신 뜻을 함께 나누기를 소원하면서 추천합니다.

다일공동체 대표 최일도 목사

들어가면서

사진작가 임소혁 선생에 대한 글을 어느 잡지에서 본 기억이 납니다. 임소혁 선생은 20년이 넘는 세월 동안 지리산만을 카메라에 담았습니다. 서울이 고향인 임선생은 거처를 지리산 자락으로 옮기고 20여 년의 세월을 지리산과 함께 살고 지리산의 아름답고, 웅장하고, 신비스러운 모습을 사진에 담았습니다. 임소혁 선생은 말하기를 지리산은 너무나도 넓고 깊고 높을 뿐 아니라 같은 장소도 계절에 따라 변화무쌍하기 때문에 일평생 지리산을 사진에 담는다 해도 다 담을 수 없다고 했습니다. 임선생께서는 전남 곡성군 죽곡면 동계리에 사진 갤러리를 만들어 그동안 찍은 지리산 사진을 전시해 놓았습니다. 이 갤러리를 방문하면 지리산의 깊고 아름다운 모습을 잘 볼 수 있습니다. 그러나 그 많은 사진들 역시 지리산의 지극히 일부분을 표현한 것에 불과하다고 합니다.

지리산이라는 큰 산 속에는 한 작가가 일평생 다니며 찍어도 다 담을 수 없는 수많은 풍광과 생명체들이 있습니다. 우

리 앞에는 영적인 면에서 지리산과 비교할 수 없이 크고 높은 산상 수훈이라는 산이 있습니다. 이 산은 하나님의 아들 우리 주님 예수 그리스도께서 우리 인생들에게 주신 말씀입니다. 이 말씀의 산 속으로 긴긴 세월 수많은 믿음의 사람들이 들어갔지만 그 끝을 보지 못하고 나왔습니다. 앞으로도 수많은 사람들이 이 산속으로 들어가겠지만 그들 역시 한 모퉁이를 보고 돌아오는 것으로 만족해야 할 것입니다.

산상 수훈이라는 거대한 산맥은 그 누구도 끝까지 갈 수 없는 깊이와 넓이와 높이를 가지고 있습니다. 그러나 또한 산상 수훈은 그 누구나 들어갈 수 있는 부드럽고 온화한 산이기도 합니다. 세계에서 제일가는 영적인 등반가도 그 꼭대기에 이를 수 없지만 어린아이의 발걸음으로도 능히 들어가서 그 아름다운 풍경을 즐길 수 있습니다. 올라가도 올라가도 끝이 없지만 저 산 끝자락에 앉아서도 말할 수 없이 큰 은혜와 감동을 누릴 수 있는 산이 산상 수훈입니다. 그리고 산상 수훈은 늘 온화한 표정을 지으면서 우리 인생들이 그 안으로 들어오도록 초대하고 있습니다.

그래서 영적으로 부족하기 짝이 없는 필자이지만 이 초대에 힘입어 산상 수훈의 작은 언덕 하나로 발걸음을 옮기는 용기를 가지게 되었습니다. 산상 수훈의 가장 앞에 나오는 8복의

언덕에 오르게 되었습니다. 작은 발걸음이지만 그 속에서 말로
표현할 수 없는 은혜와 축복을 발견할 수 있었습니다. 가슴 벅
찬 감사와 기쁨이 있었습니다. 8복의 언덕에 함께 올라 하늘의
진리 가운데 지극히 작은 것 하나라도 나누며 기뻐하는 복된 자
리에 독자 여러분을 초대합니다.

2010년 9월 광주양림교회

노치준 목사

차 례

제1장 주님의 첫 교훈 • 15

하나님의 아들이 하나님의 뜻을 선포하신 말씀

하늘에서 내려온 말씀

하나님 나라의 대헌장

산상 수훈과 실천의 문제

제자들에게 주신 말씀

제자가 되어야만 따를 수 있는 말씀

제2장 팔복의 특성 • 29

외적 조건과 상관없이 누리는 복

하나님으로부터 오는 복

내적인 충만함과 기쁨

제3장 심령이 가난한 사람의 복 • 37

영적으로 허기진 심령

비워진 심령

인생의 한계와 무능력을 아는 것

심령의 가난함과 물질의 가난함

심령이 가난한 천국의 백성

11

제4장 애통하는 사람의 복 • 51

　애통함의 의미

　애통함과 신앙 인격의 깊이

　복이 되지 못하는 애통함

　인생들의 죄악으로 인한 애통함

　이웃의 불행과 고통으로 인한 애통함

　애통함은 하나님의 마음을 움직임

　애통하는 사람에게 임하는 위로의 복

　애통하는 사람에게 임하는 사랑의 능력

제5장 온유한 사람의 복 • 73

　온유함의 의미

　온유함은 연약함이나 무능함이 아님

　하나님을 온전히 의지해야 얻는 품성

　땅을 기업으로 받는 복

　하나님의 선한 도구가 되는 온유함

제6장 의에 주리고 목마른 사람의 복 • 87

　의(디카이오쉬네)의 의미

　의에 주리고 목마름의 의미

　의에 주리고 목마른 사람의 삶

　'하나님의 의'와 '자기 의'의 구분

　의에 주리고 목마른 사람에게 주어지는 복

제7장 긍휼히 여기는 사람의 복 • 105

긍휼의 의미

은혜와 긍휼의 구분

허물과 약점이 있는 인생이 가져야 하는 품성

하나님의 긍휼을 받은 인생

긍휼히 여김을 받는 복

하나님께 귀하게 쓰임받는 복

제8장 마음이 청결한 사람의 복 • 123

마음과 동기를 소중히 여기시는 주님

청결한 마음의 의미

청결한 마음을 가지는 길

마음이 청결한 사람이 누리는 복

하나님을 보는 눈

제9장 화평케 하는 사람의 복 • 143

화평의 의미

화평이 가져다 주는 행복과 발전

평화를 만드는 사람

화평하게 하는 사람의 복

제10장 의를 위하여 박해받는 사람의 복 • 163

복이 되는 박해와 복이 되지 못하는 고통

박해를 받는 이유

박해의 영적 유익

박해받는 사람의 복

박해받을 때의 태도

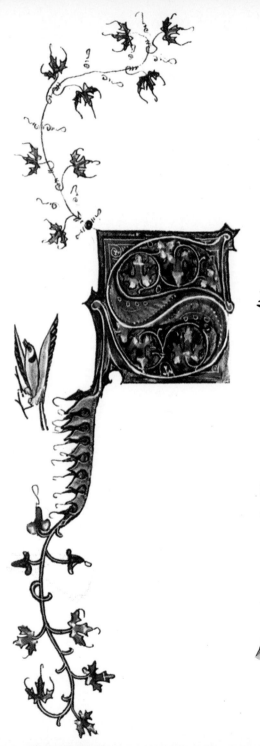

제1장

주님의 첫 교훈

하나님의 아들이 하나님의 뜻을 선포하신 말씀

산상 수훈은 하나님의 아들 우리 주님 예수 그리스도께서 아버지 하나님의 뜻을 가장 확실하게 전달하신 말씀입니다. 산상 수훈은 〈마태복음〉 5장에서 7장까지 사이에 기록된 예수님의 말씀입니다. 이 말씀을 하신 예수 그리스도는 성자 하나님이십니다. 하나님의 아들이시고, 하나님과 함께 창조의 사역에 참여하셨던 분이십니다. 그리고 하나님의 구원의 사역을 이루시기 위해서 이 땅에 오신 분이십니다. 그러므로 예수님은 하나님과 하나님의 뜻에 대해서 가장 잘 아는 분이십니다. 산상 수훈은 하나님에 대해서 가장 잘 아시는 예수님께서 우리 인생들에게 하나님의 뜻을 전달하신 말씀입니다. 하나님이 우리 인생들에게 무엇을 원하시는지, 우리 인생들이 하나님 앞에서 어떤 모습이 되어야 하는지를 가르쳐 주는 말씀이 바로 산상 수훈입니다.

　우리도 어떤 사람의 뜻을 알고자 할 때 어떻게 합니까? 그분에게 직접 물어보기가 어려운 경우, 혹은 직접 소통할 처지가

안 되는 경우에 그와 가장 가까운 사람에게 묻게 됩니다. 마찬가지로 우리는 매일 하나님의 뜻을 알고자 합니다. 하나님의 뜻을 알고 그 뜻을 이루어 드리고 싶다면, 우리는 하나님의 아들인 예수님이 전해 준 말씀을 깨닫고 이해하고 실천하면 됩니다.

"하나님께서 나에게 무엇을 기대하고 계시는가?" "나는 어떤 사람이 되어야 하는가?" 등의 질문을 마음속에 가지신 분이 있을 것입니다. 이런 분들은 산기도를 하고 금식기도를 하면서 하나님의 뜻을 알기 위해서 노력하기 전에 산상 수훈을 자꾸 읽어보는 것이 훨씬 더 유익할 것입니다. 우리가 진정 산상 수훈의 말씀 안에 거한다면 우리는 성공적인 인생을 살고 있는 것이고, 가치 있는 인생을 살고 있는 것입니다. 우리가 산상 수훈의 말씀과 벗어난 삶을 살고 있다면 비록 겉보기에 화려하고 모든 일이 술술 잘 풀리는 것 같아도 사실은 실패한 인생, 무가치한 인생을 살고 있는 것입니다. 하나님의 뜻을 알고자 한다면, 하나님이 원하시는 인생이 되고자 한다면, 산상 수훈에 귀를 기울여 보십시오. 하나님의 마음과 뜻을 가장 잘 알고 계시는 예수님께서 산상 수훈을 통해서 우리에게 하나님의 뜻과 마음을 가르쳐 주실 것입니다.

하늘에서 내려온 말씀

산상 수훈은 이 땅에서 나온 말이 아니라 하늘에서 내려온 말씀입니다. 그러므로 우리 인류의 모든 가르침 가운데 최상이며 최고의 가르침입니다. 인류의 역사 속에는 위대한 스승들이 많이 탄생했습니다. 또한 그들의 여러 가지 좋은 가르침들이 인류에게 큰 영향을 미쳤습니다. 공자, 석가모니, 소크라테스 같은 인물들의 아름다운 인격과 소중한 가르침은 지금도 많은 사람들에게 감동을 주고 있습니다. 이러한 성인들뿐만 아니라 역사 속의 수많은 위인들은 그 삶과 사상을 통해서 우리 인류의 삶을 비추는 밝은 빛이 되고 있습니다. 우리 성도들도 역사 속의 위대한 인물들이 보여준 아름다운 삶과 교훈들을 귀하게 여기는 일에 있어서 인색할 필요는 없을 것입니다.

그러나 우리는 산상 수훈의 말씀 가운데서 우리 인류가 받을 수 있는 최고의 가르침을 만나게 됩니다. 이 교훈 가운데서 나오는 빛은 너무나도 밝고 아름다워서 이 세상 그 어떤 위대한 인물의 가르침도 산상 수훈의 말씀에 이르지 못합니다. 우리 주님 예수 그리스도 이후 2000여 년의 세월이 흘렀고, 수많은 사상가들과 종교가들이 나왔지만 그 누구의 가르침도 산상 수훈

의 말씀에 도달하지 못합니다. 예수님 이후 진행된 과학과 기술의 발전은 참으로 놀랍습니다. 정치와 경제의 발전도 눈이 부실 정도입니다. 그러나 영적, 도덕적인 면에서 인류는 산상 수훈의 가르침에서 단 한 발자국도 더 나아가지 못하였습니다. 어느 철학자는 "서양 철학이란 플라톤의 해석에 불과하다"고 말하여 서양 철학이 플라톤의 철학을 넘어서지 못하였다고 말한 바 있습니다. 이 말을 산상 수훈에도 적용할 수 있을 것입니다. "인류의 모든 사상은 산상 수훈을 넘어서지 못한다"라고 말할 수 있습니다.

산상 수훈이 왜 인류에게 주어진 최고의 말씀이 될 수 있을까요? 산상 수훈은 인간의 생각에서 나온 것이 아니라 하늘에서 내려온 말씀이기 때문입니다. 하나님의 아들이요, 하나님과 함께하신 분이요, 하나님의 마음과 뜻을 온전히 아시는 우리 주님께서 선포하신 말씀이기 때문입니다. 그러므로 우리가 산상 수훈을 이해하고자 한다면 하늘의 음성을 들어야 합니다. 하늘의 신령한 음성에 귀를 기울여야만 산상 수훈을 이해할 수 있습니다. 하늘의 음성을 듣지 못하고 인간의 생각에만 머물게 되면 산상 수훈의 가장자리만 맴돌 뿐 그 깊은 의미를 알지 못하게 됩니다. 산상 수훈은 하늘로부터 내려온 말씀이기에 인류에게

주어진 최고의 말씀이며, 하늘의 음성에 귀를 기울이는 사람만
이 이해할 수 있는 말씀입니다.

하나님 나라의 대헌장

　산상 수훈은 하나님 나라의 대헌장이며, 하나님 나라 왕의
선언문입니다. 산상 수훈은 하나님 나라의 대헌장으로서 하나
님 나라를 사모하고 살아가는 사람이 마음속에 새겨야 하는 가
장 근본적인 가르침입니다. 산상 수훈은 왕이신 주님께서 하나
님 나라의 백성을 향하여 어떻게 살아야 할지를 가르친 왕의 선
언문입니다. 우리는 산상 수훈을 통해서 하나님의 나라가 어떤
곳인지를 생각할 수 있습니다. 또한 하나님 나라 백성의 모습
이 어떠해야 하는가를 알 수 있습니다.

　인도의 간디는 20세기의 가장 위대한 인물 가운데 한 분
입니다. 간디는 '진리의 힘 운동' 이라고 번역할 수 있는 '사티아
그라하 운동' 을 벌였습니다. 그는 진리의 힘을 의지하면서 무저
항 불복종 운동을 벌임으로써 식민 본국 영국을 부끄럽게 하였
고, 인도의 영광과 자랑이 되었습니다. 그런데 "이 사티아 그라
하 운동의 정신을 어디에서 배웠느냐"는 질문을 받았을 때, 간

디는 "신약성경의 산상 수훈에서 배웠다"고 대답했습니다.

산상 수훈의 가르침은 역사 속에서 하나님 나라를 이루어 가는 원동력입니다. 그리스도인이 가장 그리스도인답게 살아갈 수 있는 지침입니다. 이 말씀을 사모하고 순종하고 실천할 때 하나님의 나라가 임하게 되고, 하나님 나라 백성의 참된 모습이 환하게 드러납니다. 하나님 나라의 대헌장이며 하나님 나라 왕의 선언문인 산상 수훈을 사랑하고 지킴으로써 하나님의 나라를 이루어 갑시다.

산상 수훈과 실천의 문제

산상 수훈을 우리 인간이 실천할 수 있을까요? 이 질문은 우리가 산상 수훈을 묵상하다 보면 꼭 떠오르는 질문입니다. 이것은 우리 인생들이 과연 그 말씀을 순종할 수 있을까 하는 질문입니다. 산상 수훈 가운데는 "원수까지도 사랑하라" "왼뺨을 때리면 오른뺨도 대 주어라" "무엇을 먹을까 무엇을 입을까 염려하지 말라" "형제에게 미련한 놈이라 욕하면 지옥불에 들어갈 것이다" "음욕을 품고 여인을 보는 자는 간음한 것과 같다"는 말씀이 있습니다. 이러한 계명과 가르침은 너무나도 높고 심오한

22

말씀이어서 우리 인간들이 도저히 지킬 수 없을 것 같은 생각이 듭니다. 그렇습니다. 산상 수훈은 너무나도 높고 깊은 말씀이어서 자연적 속성을 가진 우리 인간들이 도저히 지킬 수 없는 말씀입니다. 그렇다면 주님께서는 우리 인생들에게 도저히 지킬 수 없는 말씀을 지키라고 명하신 것일까요? 인간의 힘으로는 불가능한 일을 다만 하나의 이상으로서 우리에게 말씀해 주신 것에 불과할까요? 지킬 수 없는 말씀, 실천이 불가능한 말씀을 하셨다면 그것은 비현실적인 가르침입니다. 그리고 비현실적인 가르침은 공허한 것이며, 우리 인생을 거룩하게 할 수 없습니다.

결론부터 말씀드리면 산상 수훈은 우리가 지킬 수 있는 말씀입니다. 주님께서는 우리가 지킬 수 없는 말씀을 하시지 않으셨습니다. 그렇다면 산상 수훈의 말씀을 어떻게 실천할 수 있을까요? 불가능한 일 같지만 우리가 하나님의 자녀가 되어 하나님으로부터 실천할 수 있는 힘과 능력을 공급받는다면, 그때 가능합니다. 우리 인간의 근육을 가지고는 아무리 잘 달리는 마라톤 선수라도 1시간에 30킬로미터를 달리지 못합니다. 그러나 자동차를 타면 1시간에 100킬로미터 이상 달릴 수 있습니다. 우리 인간의 몸을 가지고는 도저히 공중을 날 수 없습니다. 그러나 비행기를 타면 그 어떤 새보다 더 높이 더 빨리 날아갈 수 있습니다. 영적인 세계도 마찬가지입니다. 우리가 진정 하늘 아버지로부터 힘을 공급받게 되면 우리는 산상 수훈이라는 높은 산 위를 얼마든지 올라갈 수 있습니다. 우리가 진정 하나님의 영이신 성령으로 충만하게 되면 산상 수훈의 모든 말씀을 잘 지킬 수 있습니다. 우리가 산상 수훈의 말씀을 잘 이해하고 기억하는 것도 필요한 일이지만, 더 중요한 것은 그 말씀을 우리의 삶 속에서 실행하는 것입니다. 그 말씀대로 사는 것입니다.

산상 수훈의 말씀대로 살기를 원한다면 우리는 진리와 생명의 영, 보혜사 성령님이 우리에게 충만하게 임하시기를 간절히 구해야 합니다. 주님께서는 〈누가복음〉 11장 13절에서 "너희가 악할지라도 좋은 것을 자식에게 줄 줄 알거든 하물며 너희 하늘 아버지께서 구하는 자에게 성령을 주시지 않겠느냐"고 말씀하셨습니다. 우리가 하늘 아버지께 구하면 성령이 우리에게 임하십니다. 이 성령님의 인도하심을 받을 때 우리는 능히 산상 수훈을 지킬 수 있습니다. 어떤 분은 저 에베레스트 산꼭대기까지 힘써 수고하여 올라갑니다. 우리도 성도로서 주님께서 주신 산상 수훈의 꼭대기까지 올라가는 삶을 살고자 하는 마음이 드시지 않습니까? 그렇다면 내 힘으로 올라가려 하지 말고 먼저 성령의 임재하심을 간절히 구하십시오. 그러면 우리 인류가 가진 최고의 도덕과 영적인 세계, 즉 산상 수훈을 기쁨으로 지키고 평

안함 가운데 누릴 수 있을 것입니다.

제자들에게 주신 말씀

산상 수훈을 이해하려면 그것이 누구에게 주신 말씀인가를 생각해 보아야 합니다. 산상 수훈은 주님을 따르기로 작정한 제자들에게 주신 말씀입니다. 주님께서 무리를 보시고 산에 올라가셨습니다. 그러자 제자들이 주님 앞으로 나왔습니다. 주님은 그들에게 입을 열어 가르치셨습니다. 주님께서 제자들에게 산상 수훈의 말씀을 하셨다는 것은 중요한 의미를 가집니다. 무리들과 제자들은 겉보기에는 비슷한 것 같지만 다른 사람들입니다. 무리들 가운데는 예수님에 대한 소문을 듣고 단순히 호기심으로 온 사람들도 있었습니다. 자신의 계획과 뜻을 이루고자 하는 목적에서 찾아온 사람들도 있었습니다. 병고침을 받고자 하는 자신의 다급하고 현실적인 목적을 이루기 위해서 찾아온 사람들도 있었습니다. 더러는 예수님을 감시하기 위해서 온 사람들도 있었습니다. 혹시 예수님께서 대중들에게 불온한 가르침이라도 주지 않는지 감시하고 무엇인가 고소의 빌미를 잡으려고 온 사람들도 있었습니다. 주님께서는 때로 이들을 향해서도

25

여러 가지 말씀을 하셨습니다.

그러나 산상 수훈은 주님 앞으로 나아온 제자들을 향해서 말씀하신 것입니다. 주님께서는 모든 사람들을 다 사랑하시지만 특별히 제자들에게 관심을 기울이셨습니다. 그리고 이들에게 하늘의 음성을 들려주셨습니다. 산상 수훈은 주님의 제자들, 즉 주님을 따르고자 하는 사람들에게 주신 말씀입니다. 산상 수훈은 하나님의 백성들, 하나님 나라의 시민들에게 주신 계명입니다. 따라서 제자들만이 그 말씀을 이해할 수 있고, 그 말씀을 받아들일 수 있습니다. 이 세상은 그 귀한 말씀을 알 수도 없고, 받아들일 수도 없습니다. 어떤 사람들은 오히려 조롱할 수도 있습니다.

제자가 되어야만 따를 수 있는 말씀

산상 수훈은 아무나 이해하고 아무나 따를 수 있는 말씀이 아닙니다. 산상 수훈은 주님의 제자가 되어야만 이해하고, 따를 수 있는 교훈입니다. 즉 말씀에 자신을 던지는 사람만 이해할 수 있습니다. 산상 수훈의 진리를 알고 실천하고자 한다면 먼저 주님의 제자가 되고자 결단해야 합니다. 산상 수훈의 진리가 이

해되지 않는 것은 머리가 나쁘거나 이해력이 부족해서가 아닙니다. 주님을 따르지 않는 사람은 도저히 이해하지 못합니다. 아무리 머리가 좋은 사람이라 해도 산상 수훈을 이해하지 못합니다. 그러나 주님을 따르고자 하는 사람은 많이 배우지 못해도 이해할 수 있습니다.

이 세상에는 사랑해야만 이해할 수 있는 지식이 있습니다. 어린아이의 울음소리를 듣고서 배가 고픈지, 몸이 아픈지, 대소변을 누었는지를 정확하게 구분하는 사람은 그 어머니밖에 없습니다. 자식에 대한 어머니의 사랑이 아이의 울음 속에 들어 있는 그 세미한 차이를 이해하도록 합니다. 상대방의 눈물과 부르짖음의 의미가 이해되지 않는 경우가 있습니까? 그것은 이해력이 부족한 것이 아니라 사랑이 부족하기 때문입니다. 여러분의 남편이나 아내나 자식이나 부모가 이해되지 않습니까? 그것은 이해력이 부족한 것이 아니라 사랑이 부족한 것입니다.

수영 교본을 보고 수영의 방법이나 기법을 읽었다고 해서 바로 수영을 할 수 있는 것이 아닙니다. 물속에 몸을 던져서 물에 몸을 띄워 보아야 수영이 무엇인지 알 수 있고, 또한 수영을 할 수도 있습니다. 산상 수훈도 마찬가지입니다. 주님의 말씀에 자신을 던지는 사람만 이해할 수 있습니다. 주님을 지극히 사랑하는 자만 이해할 수 있습니다. 주님을 따르는 사람만 이해할 수

있습니다. 주님을 사랑하고 따르는 주님의 제자가 되심으로 산 상 수훈의 말씀을 이해하고 실천하시기 바랍니다.

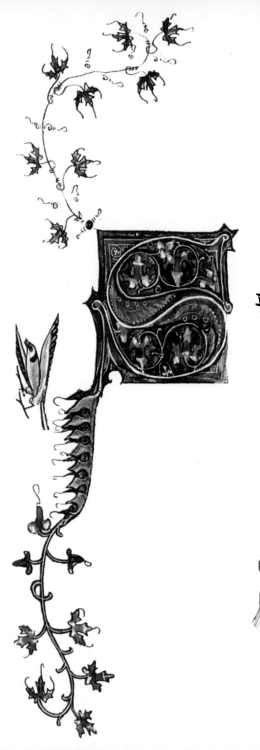

제2장

팔복의 특성

외적 조건과 상관없이 누리는 복

산상 수훈이 시작되는 〈마태복음〉 1절에서 12절까지는 흔히 팔복이라 부르는 8가지의 복이 나옵니다. 이 8가지의 복은 우리 성도들이 누릴 수 있는 가장 귀하고 아름다운 복입니다. 이러한 8가지 복은 하늘에서 내려온 복입니다. 따라서 우리 인생들의 외적인 조건과는 상관없이 누릴 수 있는 복입니다. 주님께서 말씀하신 8복의 복이란 희랍어로 '마카리오스' 입니다. 우리말의 '복' 이나 영어의 'happy' 는 이러한 '마카리오스' 를 제대로 표현하지 못하고 있습니다. 우리말에서 복이라고 하면 타고난 행운, 운명적인 행운이라는 의미를 가지고 있습니다. 우리 한국 사람들은 복을 받는가, 못받는가 하는 것이 이른바 팔자라고 불리는 타고난 운명에 따른다고 생각합니다. 영어의 행복, 즉 happiness 는 우연히 일어나다는 뜻을 가진 happen과 어원이 같습니다. 그래서 영어에 따르면 행복은 우연히 주어지는 것으로 여겨집니다.

그러나 성경에 나오는 희랍어 마카리오스는 운명이나 우

연에 의해 생겨나는 것이 아닙니다. 그것은 어떤 외부 조건의 변화나 지원에 의해서 생겨나는 것도 아닙니다. 외부의 조건과는 아무런 상관없이 그 자체 안에서 생겨난 충만하고 좋은 상태를 의미합니다. 희랍인들은 지중해에 있는 구부로 섬(현재의 사이프러스 섬)을 마카리오스 섬, 즉 복된 섬이라고 했습니다. 왜냐하면 구부로는 풍요롭고 비옥한 땅을 가지고 있으며, 날씨가 온화하고, 꽃과 식물이 울창하고, 많은 광물들이 생산되었습니다. 그래서 구부로 섬에 사는 사람들은 어떤 좋은 것을 찾아서 섬 밖으로 나갈 필요가 없었습니다. 그 섬 안에 모든 좋은 것이 있었습니다. 우리 성도들이 누리는 복은 운명이나 우연과 상관이 없습니다. 외부의 어떤 조건과 상관없이 그 자체 안에서 충만하고 풍성한 것이 바로 성도들이 누리는 복입니다. 이러한 복을 누리는 성도님들 되시기 바랍니다.

하나님으로부터 오는 복

팔복에서 말하는 복은 삶의 외적인 조건과 완전히 독립된 기쁨과 충만함을 의미합니다. 팔복이 외적인 조건과 상관없이 누릴 수 있는 이유는 그것이 하나님으로부터 오기 때문입니다.

이 복을 간직하면 자신의 내면 속에서 솟아나는 기쁨과 충만함을 느낄 수 있습니다. 이것은 근원이 깊은 샘물과 비교할 수 있습니다. 깊은 샘물은 그 물의 근원이 땅 속 깊은 곳에 있기에 늘 풍성한 물이 흘러나옵니다. 또한 바깥이 아무리 가물고 메말라도 끊어지지 않고 물이 흘러나옵니다. 이와 마찬가지로 팔복에서 말하는 복을 받게 되면 주변의 상황과 상관없이 늘 풍성함과 기쁨을 누릴 수 있습니다.

어떻게 이런 일이 가능할 수 있을까요? 팔복에서 말하는 복은 우리의 영혼이 절대자이신 하나님과 깊이 연결되어 있음으로 누리는 복입니다. 그것은 절대자 하나님으로부터 오는 복입니다. 이 복이 하나님으로부터 오기 때문에 우리의 외적 조건이 어떠하든지 말할 수 없이 큰 기쁨과 풍성함을 누릴 수 있습니다. 주님께서 〈요한복음〉 16장 22절에서 "너희 기쁨을 빼앗을 자가 없느니라"고 말씀하신 바와 같이 이 복은 그 누구도 빼앗을 수가 없습니다. 이 세상 그 어떤 것도 하나님이 주시는 기쁨과 충만함을 빼앗을 수가 없기 때문입니다.

돈이나 지위를 의지하는 복은 그 의지하는 것이 없어지면 그 복도 함께 사라집니다. 국회의원이 되면 공항, 기차, 관공서 등을 이용할 때 여러 가지의 특권을 누리게 됩니다. 그 특권을

누리면서 공항의 특별석을 사용할 때 얼마나 기분이 좋고 행복한지는 누려 본 사람만이 알 수 있습니다. 그러므로 한 번 국회의원이 된 사람은 어떻게 해서든지 그 직을 계속 유지하려고 애를 씁니다. 그러나 국회의원이라는 지위에 의지하는 복은 그 지위를 잃어버리는 순간 함께 사라져 버립니다. 4년마다 돌아오는 총선의 해가 되면 현역 국회의원 가운데 상당수가 공천탈락을 당하거나 낙선됩니다. 낙선된 수만큼 국회의원이 주는 복을 잃어버린 사람이 생겨나게 됩니다.

그러나 산상 수훈에서 말하는 복은 이러한 세상적이고 외적인 복과 다릅니다. 산상 수훈의 8복은 주님께서 우리 영혼을 통해서 우리 내면에 주시는 복입니다. 따라서 우리가 주님과 연결되어 있는 한 우리의 외적인 조건과 상관없이 충만한 복을 누릴 수 있습니다. 설령 우리 그리스도인이 사업이나 가정이나 건강 등에서 어려움을 당한다 해도 이러한 복을 통해서 기쁨을 누릴 수 있습니다.

내적인 충만함과 기쁨

8복의 복은 하나님으로부터 오는 복이며, 내적인 충만함과

기쁨이 가득한 복입니다. 이 복의 특징은 내적인 기쁨입니다. 감옥 속의 바울 사도는 몸은 비록 억류되어 있었지만 기쁨이 충만했습니다. 그래서 사도께서는 〈빌립보서〉를 쓰시면서 '기쁨'이라는 말을 16번이나 사용했습니다. 이것은 그 자신이 기쁨이 충만하였기에 가능한 일이었습니다. 감옥이라는 외적인 조건과 상관없이 사도께서는 기쁨과 영혼의 충만함을 누릴 수 있었습니다. 《빙점》의 저자 미우라 아야꼬는 늘 건강이 좋지 않은 가운데 있었습니다. 병으로 인해 방 안에 누워 있는 시간이 많았습니다. 그러나 그 병석에서 자신을 어루만지시는 주님의 손길을 느낄 수 있었습니다. 그래서 그녀는 행복했고, 기쁨 가운데 살았습니다.

수도원에서 생활하는 수도사들의 기쁨과 행복도 마찬가지입니다. 수도원의 생활이란 단조롭고 고됩니다. 이 세상이 주는 즐거움을 모두 끊어 버려야 합니다. 그럼에도 불구하고 수도사들이 행복과 기쁨을 느낄 수 있고, 일평생을 수도사로서 살아갈 수 있는 이유가 무엇이겠습니까? 하나님께서 함께하심을 느끼기 때문입니다. 하나님의 임재하심을 체험하기 때문입니다. 교회의 역사 가운데서 하나님과 가장 가까이 지낸 인물로 로렌츠 형제를 꼽습니다. 그분은 17세기 중·후반 프랑스의 갈멜 수도

원에서 수도사로 일생을 보낸 분입니다. 그분은 지극히 사소한 일상 가운데서도 늘 하나님의 임재를 경험했습니다. 그가 쓴 《하나님의 임재 연습》이라는 책은 300년의 세월이 지났음에도 불구하고 지금까지도 많은 사람들에 의해 읽혀지고 있습니다. 그렇습니다. 참된 복은 주님과의 만남에서 옵니다. 참된 복을 누리는 사람은 감사와 기쁨이 충만한 가운데 살아가게 됩니다. 충만한 기쁨은 참된 복, 주님께서 가르쳐 주신 8가지 복의 가장 소중한 외적 모습입니다.

8복을 통해 내적인 기쁨과 충만함을 누리는 성도는 늘 평안할 뿐만 아니라 또한 겸손한 삶을 살게 됩니다. 자기 자신의 사업이나 가정이나 건강 등이 좋은 상태에 있을 때에도 늘 감사하면서 교만한 마음을 가지지 않습니다. 그 모든 좋은 것들이 하나님이 주신 것임을 기억하고 감사할 뿐, 자기 자신의 공적으로 돌리지 않습니다. 또한 다른 사람보다 더 많은 물질이나 재능이나 지위를 가졌을 때 이것을 가지고 하나님의 일과 이웃 사랑의 일을 어떻게 해야 하는지를 늘 생각하게 됩니다. 주님께서 말씀하신 8가지 복을 누리심으로 감사와 기쁨이 넘치는 충만한 삶 사시기를 축원합니다.

제3장

심령이 가난한
사람의 복

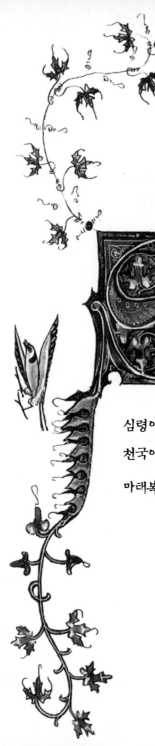

심령이 가난한 자는 복이 있나니
천국이 그들의 것임이요

마태복음, 5장 3절

영적으로 허기진 심령

심령이 가난하다는 것은 영적인 허기짐을 의미합니다. 심령이 가난한 사람은 늘 영적인 허기를 느끼면서 하늘로부터 임하는 은혜와 사랑을 간절히 사모하게 됩니다. 이 세상의 것들을 아무리 많이 가지고 있어도 그것으로 만족하지 않고 하늘의 신령한 것을 간절히 구하는 것이 심령이 가난한 사람의 모습입니다.

그러므로 심령이 가난하다는 것이 지식이나 지혜가 부족한 것을 의미하지 않습니다. 심령이 가난하다는 것은 영적인 상태를 의미하는 것이지 지식이나 지혜의 많고 적음을 의미하는 것이 아닙니다. 많은 지식을 가지고 있으며, 인생의 깊은 진리를 깨달은 지혜로운 사람이라 할지라도 얼마든지 심령이 가난할 수 있습니다. 사도 바울이나 파스칼 같은 인물은 많은 지식을 가진 사람이었지만 그 심령은 심히 가난한 사람이었습니다. 그래서 늘 하늘로부터 임하는 신령한 은혜를 사모하면서 살았습니다.

또한 심령이 가난하다는 것은 정서가 메말라 있다는 의미

도 아닙니다. 인생을 살아가면서 좋은 일에 대해서 기쁜 느낌도 없고, 불행하고 어려운 인생들의 모습을 보면서 슬픔도 눈물도 없는 메마른 정서는 심령이 가난한 것과 아무런 상관이 없습니다. 심령이 가난한 사람은 오히려 풍성한 정서를 가진 사람입니다. 작은 은혜에도 크게 기뻐하며, 인생들의 작은 고통에도 슬퍼하고 눈물 흘리는 풍성한 정서를 가진 사람입니다.

심령이 가난하다는 것은 도덕적, 정신적 고갈을 의미하지도 않습니다. 심령이 가난한 사람은 늘 하늘의 신령한 은혜를 사모하고, 또한 그 은혜로 심령을 채우기 때문에 오히려 정신적으로 풍성한 삶을 살게 됩니다. 심령이 가난한 사람은 하늘의 의를 갈급해하기 때문에 도덕적으로 의롭고 선하게 사는 사람들입니다.

심령이 가난한 사람은 늘 영적인 허기를 느끼는 사람입니다. 그리하여 하늘로부터 임하는 은혜와 복을 간절히 구하는 겸손한 자세로 살아갑니다. 파스칼은 말했습니다. "하나님께서는 우리의 심령 가운데 빈 공간을 두셨다. 이곳은 오직 하나님으로만 채워질 수 있는 공간이다." 그렇습니다. 심령이 가난한 사람은 자신의 심령 가운데 하나님이 아니면 결코 채울 수 없는 빈 공간이 있음을 알고, 그곳을 하나님으로 가득 채워지기를 간절히 구하는 사람입니다. 하나님의 은혜와 하나님의 사랑과 하나

님의 영이신 성령으로 가득 채워지기를 간절히 구하게 됩니다.

비워진 심령

심령이 가난하다는 것은 심령이 비어 있다는 것을 의미합니다. 심령이 비어 있다는 것이 무슨 의미일까요? 세상의 어지럽고 악한 욕망에 대해서 심령이 비어 있는 것을 말합니다. 즉 부귀영화, 세상살이의 자랑, 우월감, 육신적이고 세속적인 욕망, 죄악에 끌리는 마음 등이 비어 있는 것을 의미합니다. 이처럼 우리의 심령이 이 세상의 어지럽고 헛된 욕망들에 대해 비어 있을 때 하늘의 신령한 것을 사모하게 됩니다. 그리고 주님으로부터 임하는 은혜와 복이 가득 차게 됩니다. 그렇습니다. 비어 있어야 더 좋은 것으로 채울 수 있습니다. 모든 좋은 음식들은 빈 그릇에 담겨집니다. 아무리 좋은 음식이라도 다른 음식이 들어 있는 그릇에 담으면 그 맛과 가치를 잃어버리게 됩니다. 어린아이가 부모로부터 좋은 선물을 받으려면, 손에 들고 있는 낡은 종이 딱지며 가지고 놀던 막대기와 깨어진 기왓장 등을 버려야 합니다. 빈손이 되어야 합니다.

최근 이용규 선교사가 쓴 《내려놓음》이라는 책이 많은 성도들에게 감동을 주면서 한국 교회에서 널리 읽혔습니다. 이용규 선교사는 하버드대학교 동아시아학과에서 박사 학위를 받았지만, 그것을 내려놓고 몽골 선교사로 갔습니다. 그리하여 그는 몽골국제대학교 교수로 일하면서 귀하고 아름답게 쓰임을 받고 있습니다. 그는 하버드대학의 박사 학위만 내려놓은 것이 아니라 자신의 삶 속에서 모든 것을 내려놓으려고 애썼습니다. 하나님의 때를 기다리며 미래의 계획을 내려놓았습니다. 텅 빈 물질의 창고에 대한 근심을 내려놓았습니다. 생명과 안전에 대한 염려까지 내려놓았습니다. 결과를 예상하는 경험과 지식을 내려놓았고, 죄와 판단의 짐, 그리고 명예와 인정받고자 하는 욕구들을 내려놓았습니다. 더 나아가서 사역의 열매까지 내 것이라 생각하지 않고 내려놓았습니다. 그 결과 이용규 선교사는 하나님의 찾아오심과 임재하심을 느꼈습니다. 하나님의 크신 뜻을 읽을 수 있게 되었으며, 풍성하게 채워 주시는 하나님의 손길을 체험할 수 있었습니다.

그렇습니다. 심령이 가난하다는 것은 심령이 비어 있다는 것을 의미하며, 심령을 비우기 위해서는 하나님 앞에서 자신이 가진 모든 것을 내려놓아야 합니다. 내려놓음으로 심령을 비울 때 하늘로부터 오는 은혜와 축복을 충만하게 누릴 수 있습니다.

인생의 한계와 무능력을 아는 것

심령이 가난해지면 자신이 가지고 있는 것들의 무가치함과 한계를 알게 됩니다. 심령이 가난한 사람은 자신이 가지고 있는 모든 소중하고 가치 있는 것들을 묵상하고, 그것이 가진 한계를 깊이 깨닫게 됩니다. 우리가 가진 건강, 외모, 재물, 직업, 지식과 기술, 가족, 인맥, 국가와 제도 등을 깊이 묵상하면서 이것들이 얼마나 불안정하고 사라지기 쉬운 것인가를 깊이 깨닫게 됩니다.

건강은 한순간에 잃어버릴 수 있습니다. 나이 40세가 넘으면 몸이 약해지는 것을 느끼기 시작하며, 나이 50이 넘으면 그 누구도 건강과 관련하여 큰소리를 칠 수 없습니다. 50세가 넘어서도 건강에 대해서 큰소리를 치는 사람은 인생이 무엇인지를 알지 못하는 어린아이같이 철없는 사람입니다.

재물 역시 한순간에 없어질 수 있습니다. 저는 수십억 원의 돈을 불과 1,2년 만에 없애 버린 사람을 보았습니다. 그분은 빚을 안고서 제법 큰 빌딩을 구입했습니다. 빌딩 사무실이 뜻대로 임대가 되지 않아 수입은 없어지고, 부채에 대한 이자가 늘어나기만 했습니다. 빌딩을 처분하고 싶어도 누가 나서는 사

43

람이 없었습니다. 건물 관리비도 매달 적지않게 들어갔습니다. 결국 부채를 갚지 못해 그 빌딩은 경매에 넘어갔고, 그분은 불과 1,2년 만에 수십억 원의 돈을 잃어버렸습니다.

요즈음처럼 변화가 빠른 사회에서 우리의 직장은 쉽게 흔들릴 수 있으며, 현재 내가 가지고 있는 지식과 기술은 쉽게 낡아져 버립니다. 부모와 자식은 우리 곁을 언제든지 떠날 수 있고, 우리가 믿고 의지했던 사람들도 자신의 문제에 허덕이면서 등을 돌릴 수 있습니다. 견고할 것 같은 국가와 여러 제도들도 불안정하기는 마찬가지입니다. 온 세상을 뒤덮을 듯이 기세등등하던 미국의 투자 은행들이 하루아침에 무너지면서 온 세계의 경제를 얼어붙게 할 줄 누가 생각이나 했습니까?

이 세상의 것들을 잘 관리하여 견고하게 유지한다 해도 그것은 이 세상 살아 있을 동안 도움이 될 뿐 이 세상 떠날 때는 아무런 도움이 되지 못합니다. 저는 광주의 3대 부자 가문에 속하는 한 어르신을 알고 있었습니다. 그분이 돌아가시기 며칠 전에 병원으로 방문하여 함께 예배드리면서 말씀으로 위로하고 격려한 적이 있습니다. 그분은 성실한 분이며, 일생 동안 그 많은 재산을 잘 관리하신 분이었습니다. 그러나 그분이 세상을 떠날 때는 그 모든 재산은 아무런 의지처가 되지 못했습니다. 오직 우리 주님의 십자가만을 의지하시고 세상을 떠나셨습니다.

그렇습니다. 심령이 가난한 사람은 인생의 한계와 무능력을 깨닫습니다. 그리하여 이 세상 것들로 가득 찬 심령을 비우고, 하늘의 신령한 것을 사모하게 됩니다. 이렇게 할 때 세상이 주는 환멸과 허무에서 벗어날 수 있습니다. 천국 백성에게 주어지는 평안함과 풍성함을 누리게 됩니다.

심령의 가난함과 물질의 가난함

일반적으로 볼 때 심령의 가난함과 물질의 부함은 상반된 관계에 있습니다. 물질이나 세상적인 것이 많으면 아무래도 그것을 더 의지하는 경향이 생겨나게 되며, 그 결과 심령이 가난해지기 어렵습니다. 제가 섬기던 교회의 한 권사님이 이렇게 솔직한 고백을 한 적이 있습니다. "남편 직장 든든하고, 집과 재산이 있고, 통장에 현금으로 몇억 원 정도 있으니까 솔직히 하나님보다 재산이 더 든든하게 여겨집디다. 그래서 이런 마음을 회개했습니다." 그 권사님은 참 솔직한 분이십니다. 솔직하고 순수한 분이시기에 그의 물질적 부가 그의 심령을 어지럽게 하지 않도록 주님께서 깨우침을 주셨던 것입니다. 물질에 사로잡힌 성도가 아니라 할지라도 물질이 넉넉하면 물질을 의지하는 마음이

커지게 되고, 그 결과 심령이 가난해지기 어렵습니다.

그러나 물질적으로 부유한 사람들이 모두 다 심령이 가난해질 수 없는 것은 아닙니다. 비록 많은 물질을 가졌다 할지라도 그 물질의 한계를 깊이 깨닫는 사람은 심령이 가난해질 수 있습니다. 성경 속에 나오는 아브라함, 야곱, 다윗 왕, 다니엘, 욥, 바나바 등과 같은 인물들은 모두 다 많은 재산을 가진 사람들이었고 높은 지위에 있던 사람들이었습니다. 그러나 이분들은 물질을 의지하지 않았기에 모두 심령이 가난한 사람들이 될 수 있었습니다.

미국의 백화점 왕이라 불리던 워너 메이커(1838-1922)는 시카고에 최초의 백화점을 세웠고, 백화점 사업을 통해서 엄청난 부를 일구었습니다. 그는 미국 우정국 장관을 지냈고, 그 재산을 많은 교회와 선한 기관들을 세우는 데 사용했습니다. 일제 강점기 한국 젊은이들의 꿈의 산실이었고, 월남 이상재 선생님이 젊은이들과 함께 울고 웃던 서울 **YMCA** 건물도 그의 기부금으로 세워졌습니다. 그는 큰 부자였지만 그의 심령은 심히 가난했습니다. 그래서 그는 다음과 같은 믿음의 격언을 남겼습니다.

기도보다 더 큰 즐거움이 있다면
성경보다 더 좋은 책이 있다면

교회보다 더 좋은 장소가 있다면
예수님보다 더 좋은 사람이 있다면
천국보다 더 좋은 희망이 있다면
스스로에게 경고를 발해야 합니다.

반대로 물질적으로 가난하다고 해서 모두 다 심령이 가난한 것은 아닙니다. 물질적으로 가난한 사람은 세상살이의 과도한 염려가 그 심령을 가득 채울 수 있습니다. 세상 것들을 자랑하지는 않지만 세상 염려와 걱정 근심으로 마음이 채워질 수 있습니다. 어느 가난한 분에게 전도를 했습니다. "예수 믿읍시다. 주일에는 교회에 가서 하나님께 예배드립시다" 하고 말했습니다. 그러자 그분이 "교회 가려고 주일에 쉬면 나 굶어죽습니다" 하고 대답했습니다. 그 말을 들으면서 한편으로는 "생활이 얼마나 어려우면 저렇게 말씀하실까" 하면서 동정의 마음이 일어났습니다. 그러나 다른 한편으로는 "세상 염려와 근심이 가득 차 심령이 비어 있지 못하구나" 하는 생각이 들었습니다. 부하든 가난하든 심령이 가난하여 하나님만 믿고 의지하며 하늘의 신령한 은혜로 심령을 가득 채우시기 바랍니다.

심령이 가난한 천국의 백성

주님께서 말씀하시기를 "심령이 가난한 사람은 복이 있나니 천국이 그들의 것임이라"고 하셨습니다. 심령이 가난한 사람이 얻게 되는 천국을 특정 장소나 공간의 개념으로 이해하기보다는 통치와 지배권의 개념으로 이해하는 것이 좋습니다. 물론 우리 주님께서 다시 오셔서 온 세상을 거룩하게 회복시키시면 이 세상 모든 장소가 다 천국이 될 것입니다. 그러나 천국이 이미 시작되었지만 아직 완전히 이루어지지는 못한 상태에서 천국은 장소나 공간의 개념보다는 지배권으로 이해하는 것이 필요합니다. 이 세상 어디든지 그곳에서 하나님이 통치하시고 하나님의 지배권이 작동하면 천국이 됩니다. 예를 들어 가정, 국가, 사회, 직장 이 모든 곳에서 하나님의 통치 원리가 온전히 작동되면 그곳은 천국이라고 할 수 있습니다. 그러나 하나님을 예배하고 하나님의 통치권을 선포하는 교회라 할지라도 인간적 욕심으로 인해 하나님의 지배권이 나타나지 않으면 천국이 될 수 없습니다. 때때로 교회들 가운데서도 천국을 선포하기는 하되 하나님의 통치권이 제대로 나타나지 않는 경우가 있어서 참 마음이 아픕니다. 그러나 감옥과 같은 어두운 골짜기에서도 하나

님의 통치권에 온전히 순종하는 이들로 인해 천국이 나타나는 모습을 보면 감사와 기쁨이 넘치게 됩니다.

인간은 무엇의 지배를 받을까요? 인간은 자신 속에 있는 가장 소중한 것의 지배와 통치를 받게 됩니다. 돈을 가장 소중히 여기는 사람은 돈의 통치를 받게 됩니다. 쾌락을 가장 소중히 여기는 사람은 쾌락의 통치를 받게 됩니다. 어느 유명 가수가 후배 가수를 만난 자리에서 불쑥 나오는 말이 "너 인기 있어?"라고 했답니다. 이 유명 가수는 인기를 먹고 사는 연예인이었기에 인기의 지배를 받는 분이었습니다. 그래서 그는 자기도 모르는 사이에 "너 인기 있어?"라고 말했던 것입니다. 어떤 분은 사람을 볼 때 가장 먼저 마음속으로 "너 돈 있어?" 혹은 "너 어느 대학 나왔어?" 하고 묻습니다. 이러한 물음을 통해서 그가 무엇의 통치 아래 있는지 알 수 있습니다.

심령이 가난한 사람은 세상의 것들에 대한 욕망이 비어 있는 사람입니다. 또한 세상이 주는 매력과 힘의 한계를 뼈저리게 느끼는 사람입니다. 이런 분은 세상의 것들에 지배받지 않습니다. 그 대신 하늘의 통치, 하나님의 지배권에 자신을 내어 맡깁니다. 이렇게 될 때 그의 삶 가운데 하나님의 통치가 이루어지는 천국이 임하게 됩니다. 그는 천국의 백성이 됩니다. 백

성들은 누구의 통치 아래 있는가에 따라 행복과 불행이 결정됩니다. 이 세상 나라에서도 훌륭한 왕이나 현명한 지도자의 통치 아래 있으면 인생이 행복해집니다. 그러나 악한 왕 아래 있으면 백성들이 불행해집니다. 중국에서는 가장 평화롭고 좋은 시절을 말할 때 요순시대라고 합니다. 즉 요임금, 순임금이 다스리던 시대가 가장 행복하고 좋은 시절이었다는 것입니다. 김정일 통치 아래 있는 우리 북한 동포들은 참 힘들고 불행하게 살아가고 있으며, 캄보디아 폴포트 군사정권 아래 있는 백성들은 킬링필드의 비극 속에서 참으로 슬프고 고통스러운 시절을 지낸 적이 있습니다.

그러나 하나님의 통치 아래 있으면 말할 수 없이 큰 복을 누릴 수 있게 됩니다. 하나님의 통치를 받으면 세상의 헛된 욕심과 죄악의 통치를 받지 않아 그런 것들로부터 자유함을 얻습니다. 그 대신 하늘로부터 임하는 신령한 복을 누리게 됩니다. 참으로 복되고 아름다운 인생이 됩니다. 그렇습니다. 심령이 가난한 사람은 하나님의 통치에 자신을 맡깁니다. 그리하여 하나님이 통치하시는 천국이 그의 삶 가운데 임하게 됩니다. 그는 천국의 백성이 되고, 천국의 복을 누릴 수 있습니다. 심령이 가난하여 세상 것들에 마음을 비우고 천국의 백성이 되어 하늘의 복을 누리는 성도님들 되시기를 간절히 바랍니다.

제4장

애통하는
사람의 복

애통하는 사람은 복이 있나니

그들이 위로를 받을 것임이요

마태복음, 5장 4절

애통함의 의미

주님께서 말씀하신 애통함은 헬라어 원어로 보면 '펜테오' 입니다. 펜테오는 고통과 슬픔 이 합쳐진 의미를 가진 말입니다. 주후 1세기 경 히브리어로 기록된 구약성경이 헬라어로 옮겨졌습니다. 70 인의 학자가 옮겼다고 해서 '70인역 성경' 이라고 합니다. 이 성경의 〈창세기〉를 보면 야곱이 자기 아들 요셉이 짐승에게 물 려죽었다는 소식을 들었을 때 '펜테오' 했다고 번역했습니다. 따 라서 펜테오, 즉 애통함이란 부모가 그 자식을 잃었을 때 터져 나오는 그 슬픔과 아픔을 의미합니다. 우리말로 애통하다는 말 역시 슬플 애(哀) 아플 통(痛)자를 사용하여 원어의 의미를 잘 전달하고 있습니다.

애통함과 신앙 인격의 깊이

애통함은 한 사람의 인격과 신앙의 깊이를 보여줍니다. 인

간이 무엇을 가지고 슬퍼하고 무엇으로 인해 기뻐하는가를 보면 그 사람의 됨됨이를 알 수 있습니다. 어떤 사람의 말이나 행동은 억지로 꾸밀 수 있습니다. 그러므로 가식적인 말이나 행동을 얼마든지 연기할 수 있습니다. 그러나 참된 기쁨과 참된 슬픔은 억지로 나올 수 없는 것입니다. 따라서 그가 무엇으로 인해 애통해하고 무엇으로 인해 기뻐하는가를 살펴보면 그 사람이 어떤 사람인지 분별할 수 있습니다. 어떤 아이가 슬프게 울고 있었습니다. 옆에 사람이 무어라 달래도 울음을 그치지 않았습니다. 그러자 옆에 있던 한 분이 지갑에서 1만 원짜리 한 장을 꺼내어 주었습니다. 그러자 그 아이가 그 돈을 받으면서 좋아서 헤헤 하고 웃었습니다. 1만 원짜리 한 장으로 인해 그칠 수 있는 울음과 1만 원짜리 한 장으로 웃을 수 있는 웃음이라면 그 사람의 사람됨의 정도를 대충 짐작할 수 있습니다. 아직 심령의 수준이 낮은 것입니다.

우리 주님께서는 예루살렘 성읍을 바라보고 애통해하시면서 "예루살렘아, 예루살렘아, 암탉이 그 새끼를 날개 아래에 모음같이 내가 네 자녀를 모으려 하였으나 너희가 원하지 아니하였도다. 이제 곧 네가 황폐하여지리라"(〈마태복음〉 23장 37-38절)고 말씀하셨습니다. 주님께서는 불과 몇십 년 후(주후 70년)면 다가올 예루살렘의 처참한 멸망을 보고 계셨습니다. 그리하

여 말할 수 없이 애통한 심령으로 예루살렘을 바라보시면서 탄식하셨습니다.

장지연 선생은 〈황성신문〉 1905년 11월 20일자 2면에 '시일야방성대곡(是日也放聲大哭/이날에 목 놓아 크게 통곡한다)'이라는 글을 쓰셨습니다. 이 사설의 주된 내용은 침략의 앞잡이인 이토 히로부미(伊藤博文)를 비난하고, 을사오적을 우리 강토와 국가를 남에게 바치고 백성들을 노예로 만들려는 '매국의 적(賊)'이라고 비판하는 것이었습니다. 그리고 이 조약은 고종 황제가 승인을 거부했으므로 무효라고 주장했습니다. 장지연 선생은 국권을 빼앗기고 나라가 망하게 되는 모습을 보면서 목 놓아 크게 통곡하였습니다.

죄악에 눈이 어두워 메시아가 오셨음에도 불구하고 받아들이지 않아 멸망할 수밖에 없는 운명에 처한 예루살렘을 보시면서 주님께서 말할 수 없는 탄식으로 애통해하셨습니다. 장지연 선생은 나라의 운명이 기울어 가는 모습을 보면서 크게 통곡하였습니다. 이러한 분들은 그 애통함을 통해서 인생들에 대한 사랑과 나라 사랑하는 마음을 잘 보여주셨습니다. 우리들은 한 사람의 애통해하는 모습을 보면서 그 사람의 인격과 신앙의 깊이를 잘 볼 수 있습니다.

복이 되지 못하는 애통함

이 세상에는 많은 눈물과 애통함이 있습니다. 그러나 그 모든 애통함이 다 복이 되는 것은 아닙니다. 무가치한 것으로 인해 울고 애통해하는 사람이 있는데, 이런 애통함은 주님께서 말씀하신 복이 되는 애통함이 아닙니다. 언젠가 신문에서 읽은 기억이 납니다. 어떤 유명한 인기 가수가 공연 도중 그만 발을 잘못 디뎌서 다리를 다치게 되었습니다. 그러자 그 모습을 본 아이들 가운데 몇이 너무나도 가슴이 아파서 통곡하며 울다가 그만 졸도를 했다는 것입니다. 이러한 애통함은 복이 되는 애통함이 아닙니다. 1968년 우리나라 멜로드라마의 대표격이라 할 수 있는 〈미워도 다시 한 번〉이 상영되었을 때 영화관이 울음바다가 된 적이 있었습니다. 이러한 애통함 역시 얕은 감정의 표출일 뿐 진정한 복이 되는 애통함이라 할 수 없습니다.

어떤 분이 여학교를 졸업한 뒤 한참의 세월이 흐른 후에 동창회 모임에 가게 되었습니다. 그곳에서 학창 시절 같은 반 친구를 만났습니다. 학교 다닐 때 자기보다 공부도 못하고, 예쁘게 생기지도 못한 아이가 지금 훨씬 더 부유하게 살고 있었습니다. 그날 밤 집에 돌아와서 자존심이 상해 밤새 잠을 이루지 못

하고 분해서 울었습니다. 이분의 애통함 역시 복이 되는 애통함이 아닙니다. 친구가 잘사는 것을 보고서 배가 아파서 우는 것은 그 인격이 아름답지 못함을 보여주는 것입니다. 또한 이분은 인생의 참된 가치를 알지 못하는 인물이기도 합니다. 돈을 많이 번 것이 인생의 가치를 결정하는 기준으로 잘못 생각하고 있기 때문입니다. 남성들보다 여성들이 울기를 더 잘합니다. 잘 우는 것이 복이 될 수 있습니다. 그러나 우리는 애통히 울 때 항상 생각해야 할 것이 있습니다. "나의 이 울음이 진정 가치 있는 울음인가? 복이 되는 울음인가?" 생각해 보아야 합니다. 이 세상의 울음 가운데는 복이 되지 못하는 울음도 많이 있기 때문입니다.

인생들의 죄악으로 인한 애통함

복이 되는 애통함은 인생들의 죄악을 보며 애통하는 것입니다. 진정 주님께서 말씀하신 바 복이 되는 애통함은 단순한 감정 표출이나 시기심, 혹은 원망으로 인해 애통하는 것이 아닙니다. 인생들의 죄악과 어지러운 마음들, 거칠고 험한 말과 행동을 보면서 깊이 탄식하고 슬퍼하는 것이 참된 애통함이요,

복이 되는 애통함입니다.

　우리들이 살고 있는 이 세상이 외형적으로는 눈부시게 발전하고 있습니다. 조그마한 휴대전화 하나만 있으면 지구 반대편에 있는 사람과 얼굴을 마주하면서 아무데서나 통화를 할 수 있는 시대가 되었습니다. 포스코나 현대조선의 공장을 방문하면 그 규모와 기술, 생산량 등에 압도되어 입이 다물어지지 않습니다. 제가 어린 시절 서울 청계천 상가 공장에서 여공들이 손을 움직여 가발을 만들어 수출을 하던 때와 비교하면 우리나라가 얼마나 많이 발전했는지 모릅니다. 우리나라는 제2차 세계대전 이후 독립한 나라 가운데 유일하게 선진국의 대열에 들어가고, 민주화에 성공한 나라입니다. 이 모든 발전을 생각하면 하나님께 감사하고 참으로 기쁩니다.

　그런데 우리들의 심령은 더욱 거칠어지고 있습니다. 잘사는 사람은 교만의 바벨탑을 높이높이 쌓고 있습니다. 가난한 사람들의 마음속에는 시기와 분노, 원망으로 가득 차 있습니다. 인터넷에 들어가서 여러 기사들에 대한 댓글을 읽어보면 그 생각과 말과 표현이 얼마나 거칠고 험한지 모릅니다. 이런 모습을 보면 참 마음이 아픕니다. 또한 우리 인생들이 찾고 구하는 것을 보면 헛된 것, 어지러운 것, 무가치한 것들이 참 많습니다. 아까운 인생, 한 번밖에 없는 인생의 시간이 화살처럼 빨리 날

아가고 있는데, 그 소중한 인생을 죄악과 헛된 욕망과 무가치한 것으로 가득 채우는 사람들이 참 많습니다. 나 자신이 그런 삶을 살아가고 있음을 느낄 때가 많이 있습니다.

　이러한 모습을 볼 때에 애통과 탄식이 저절로 나옵니다. 영국의 유명한 시인 엘리엇(T. S. Eliot)은 "오 내 마음속에는/가치 있는 것들은 텅 비어 있고/무가치한 것들은 왜 이렇게 가득 차 있는가!" 하고 노래했습니다. 또한 바울 사도께서는 "내가 원하는 바 선은 행하지 아니하고 도리어 원하지 않는 악을 행하는도다"(〈로마서〉 7장 19절)라고 탄식하며 애통했습니다. 〈누가복음〉 18장에 보면, 세리가 성전에서 기도하는 장면이 나옵니다. 그 세리는 감히 하늘을 우러러보지도 못하고 가슴을 치면서 말합니다. "하나님이여 불쌍히 여기옵소서. 나는 죄인이로소이다" 하고 눈물을 흘렸습니다. 그리고 윤동주 시인은 〈서시〉에서 "죽는 날까지 한 점 부끄럼이 없기를/잎새에 이는 바람에도 나는 괴로워했다"라고 노래하였습니다.

　우리는 하나님께서 주신 풍성하고 아름다운 땅 지구에서 살고 있습니다. 문명과 기술의 발달에 의해 좋은 것들을 많이 누리고 삽니다. 그러나 우리 마음속에는 죄악과 헛된 욕망과 미움과 원망이 가득 차 있습니다. 그리하여 얼마든지 행복하게 살

아갈 수 있는 이 세상을 지옥으로 만들고 있습니다. 이러한 세상을 보면서, 인간들의 죄악과 어지러운 심령을 보면서, 아프고 슬퍼하는 마음을 가지는 것이 참된 애통이요, 복이 되는 애통입니다.

우리들 주위에는 영적으로 어지럽게 사는 사람들이 참 많습니다. 하나님 아버지가 계신 것을 알지 못하고 고아처럼 사는 인생들이 참 많습니다. 하나님을 아버지로 알지 못하는 인생, 그 하나님의 은혜와 사랑의 손길을 알지 못하는 인생들이 많이 있습니다. 하나님을 알지 못하기에 그 하나님께 감사할 줄도 모르고 섬길 줄도 모르는 채 사는 인생들은 참으로 불행한 인생이요, 또한 하나님 앞에서 죄를 짓는 인생입니다. 이러한 인생들을 보면서 안타까워하고 애통해하는 사람은 복이 있습니다.

이웃의 불행과 고통으로 인한 애통함

복이 되는 애통함은 타인의 불행과 고통을 보며 애통하는 것입니다. 우리들 주위에는 참으로 불행하고 고통스러운 삶을 살아가는 인생들이 많이 있습니다. 그 원인은 여러 가지일 것입니다. 어떤 분은 뜻하지 않은 환난과 사고를 당하여 큰 불행과

고통을 당하는 분이 있습니다. 자신의 죄악과 허물, 어리석음으로 인하여 불행과 고통을 당하는 분들이 있습니다. 잘못된 사회구조와 역사의 톱니바퀴에 짓눌려 고통당하는 사람들도 있습니다. 이런 분들을 볼 때 무엇인가 도와주고 싶지만 뜻대로 되지 않아 참 괴로울 때가 있습니다. 비록 크게 직접적으로 도와주지는 못해도 타인의 불행과 고통을 보고 애통해하면 하늘 아버지께서 그 슬픈 음성을 들으십니다. 그리고 애통해하는 자녀들의 눈물을 보시고 은혜를 내려주십니다. 이것이 애통하는 사람에게서 나오는 힘이요 능력입니다.

최근에 상영된 영화 〈크로싱〉을 보면서 애통해하지 않을 수가 없었습니다. 2007년 북한 함경도 탄광 마을에 아버지 용수, 어머니 용화, 그리고 열한 살 아들 준이는 넉넉하지 못한 삶이지만 함께 있어 늘 행복하게 살았습니다. 그러던 어느 날 어머니 용화가 쓰러졌는데, 그 이유는 폐결핵 때문이었습니다. 간단한 감기약조차 구하기 어려운 북한의 형편이었기에, 아버지 용수는 중국행을 결심합니다. 생사를 넘나드는 고비 끝에 중국에 도착한 용수는 벌목장에서 일을 하며 돈을 모으지만, 불법 현장이 발각되면서 모든 돈을 잃고 경찰에 쫓기는 신세가 되었습니다. 아버지 용수가 떠난 지 2개월여가 지나자 어머니 용화

의 병세는 점점 더 악화되었고, 마침내 세상을 떠나고 말았습니다. 이제 세상에 홀로 남겨진 열한 살 먹은 준이는 무작정 아버지를 찾아 떠나게 됩니다. 중국에서 행한 인터뷰가 계기가 되어 뜻하지 않게 남한으로 오게 된 용수는 브로커를 통해 준이의 행방을 알게 되었습니다. 그리고 헤어졌던 아들 준이와 아버지 용수의 만남이 시도됩니다. 하지만 아버지 용수와 아들 준이의 길은 엇갈리고, 결국 이 슬픈 이야기는 아들의 죽음으로 막을 내리게 됩니다.

이 영화를 보면 탄식하면서 애통해하지 않을 수 없습니다. 건실하고 행복했던 한 가족 구성원이 살아 보려고 몸부림치지만 분단, 역사, 사회 구조의 톱니바퀴에 눌려 희생당하는 모습을 볼 때 눈물이 저절로 흐르게 됩니다. 이 영화를 보고 이 민족이 당하는 아픔을 생각하며 통곡하는 사람에게는 복이 있습니다.

애통함은 하나님의 마음을 움직임

울음에는 특별한 능력이 있습니다. 울음에는 사람의 마음을 움직이는 힘이 있습니다. 울음은 사람의 마음을 움직일 뿐만 아니라 하나님의 마음도 움직입니다. 잘못을 저지른 자식이

잘못을 하고도 뻣뻣하게 나오면 그 부모가 더욱더 진노하여 호되게 야단을 치고 매를 때립니다. 그러나 잘못을 저지른 자식이 눈물을 흘리면서 용서를 구하면 부모의 마음이 약해져서 몇 마디 책망을 한 다음 끝을 내게 됩니다. 이처럼 눈물에는 능력이 있습니다. 우리가 진정 우리 자신이나 우리 이웃의 죄악과 고통으로 인해 애통해한다면 하나님께서는 우리를 불쌍히 여기시고 은혜를 내려주십니다. 우리의 눈물과 애통함이 하나님의 마음을 움직입니다.

　　주님께서 이 땅에 계실 때 여러 번의 이적을 일으키셨습니다. 특별히 병든 자를 고쳐 주시고 귀신을 쫓아내시는 이적을 많이 행하셨습니다. 이러한 치유의 이적이 일어나는 모습을 보면 대부분 주님께 찾아와 간절히 요청할 때 주님께서 불쌍히 여기셔서 한없는 사랑의 마음으로 고쳐 주신 것입니다. 그런데 주님께서 아무런 요청이 없었음에도 불구하고 큰 이적을 일으키신 사건이 있었습니다. 그것이 무엇이겠습니까? 〈누가복음〉에 나오는 나인성 과부의 죽은 아들을 살리신 사건입니다. 주님께서 나인성으로 들어가실 때 마침 한 장례 행렬이 나왔습니다. 그 성읍에 사는 한 과부의 외아들이 죽었는데, 그 아들을 묻기 위한 장례 행렬이었습니다. 남편을 잃고 자신의 소망으로 생각해 온 외아들마저 잃은 과부는 그 슬픔과 애통함이 너무나도

컸기 때문에 주님께서 오시는 것도 알지 못하고 울고 있었습니다. 그때에 "주께서 과부를 보시고 불쌍히 여기사 울지 말라 하시고 가까이 가사 그 관에 손을 대시며 이르시되 청년아 내가 네게 말하노니 일어나라 하시매 죽은 자가 일어나 앉고 말도 하거늘 예수께서 그를 어머니에게"(〈누가복음〉 7장 13–15절) 주셨습니다. 주님께서는 나인성 과부의 눈물과 애통함을 보시고 불쌍히 여기셔서 아무런 요청이 없었음에도 불구하고 그 아들을 살려 주셨습니다.

아버지 하나님은 그 자녀의 아픔과 눈물을 외면하시지 않으십니다. 애통하는 자에게 은혜의 손길을 내려주십니다. 특별히 자신의 일이 아니라 이웃의 일로 애통해하는 사람의 눈물을 더욱 귀하게 여기고 은혜를 내려주십니다. 제가 어렸을 때 일입니다. 형이 잘못해서 매를 맞게 되면 그렇게 마음이 아팠습니다. 그래서 저도 매 맞는 형 옆에서 같이 울었습니다. 그러면 부모님께서 형 때문에 우는 동생의 모습이 안쓰러워서 매를 그치고 울지 말라고 저를 달래 주시던 기억이 납니다. 형제와 이웃의 죄악과 아픔과 불행을 생각하면서 애통해하면 하나님의 마음이 움직이십니다. 그 애통해하는 자녀를 보시고 은혜를 내려주십니다.

애통하는 사람에게 임하는 위로의 복

애통하는 자에게 복이 있다고 말씀하셨는데 구체적으로 어떤 복을 주실까요? 주님께서는 애통하는 사람들에게 위로의 복을 주십니다. 죄를 애통해하는 사람에게는 용서의 은혜를 주셔서 위로해 주십니다. 베드로가 주님을 세 번 부인한 다음 자신의 죄와 초라함을 생각하고 통곡하며 울었을 때 주님께서는 그를 용서해 주시고 위로하여 주셨습니다. "네가 나를 사랑하느냐"고 세 번 물으신 다음 "내 양을 치라" 말씀하심으로 그에게 위로와 새 사명을 주셨습니다. 다윗이 밧세바를 범한 큰 죄를 지었을 때 하나님은 다윗을 크게 책망하셨습니다. 불륜의 씨를 죽게 하셨습니다. 자신의 죄를 깨달은 다윗이 애통하여 울면서 죄를 회개하였을 때 하나님께서 그를 용서하여 주시고 위로하여 주셨습니다. 밧세바를 통해 솔로몬이 태어났을 때 여호와께서 그의 이름을 여디디야, 즉 '여호와께 사랑을 입은 자' 라는 이름을 주심으로 다윗을 위로해 주셨습니다.

교도관이신 박효진 장로님은 사형수를 비롯한 중죄인을 대상으로 한 교도소 선교에 많은 수고를 하신 귀한 장로님이십

니다. 그 장로님께서 한 사형수를 전도하셨을 때의 이야기를 다음과 같이 말씀하셨습니다. 그 사형수 젊은이의 눈은 독사보다 더 무서운 눈이었습니다. 미움과 증오 그리고 악으로 가득한 눈이었습니다. 아무리 그 자신이 교도관으로서 많은 중죄인들과 함께 생활을 오래 하였다지만 그의 눈을 보면 섬뜩한 느낌을 떨칠 수가 없었습니다. 그의 눈에는 눈물이라는 것이 도저히 있을 것 같지 않았습니다. 그런데 박효진 장로님께서 정성을 다해 그를 돌보고 복음을 전하였을 때, 드디어 주님의 은혜가 임하면서 그가 예수님을 받아들였습니다. 그리고는 통곡을 하면서 우는 것이었습니다.

눈물이, 도저히 나올 것 같지 않은 그의 눈에서 그렇게 많은 눈물이 흘러나왔습니다. 오랜 시간 통곡을 한 다음 고개를 들고 그는 말하기를 "내가 어렸을 때 울고 처음 울어 보는 것 같습니다. 울어 본 지가 한 20년은 되는 것 같습니다. 그동안 울고 싶은 적이 여러 번 있었지만 입술을 깨물고 울지 않았는데, 이제 실컷 울고 나니 속이 후련합니다"라고 했습니다. 이렇게 자신의 죄를 생각하고 통곡하였던 젊은 사형수를 주님께서 위로하시고 구원의 은혜를 내려주셨습니다. 이 사형수는 비록 법에 따라 사형을 당했지만 그 영혼은 구원을 얻었고, 사형 집행을 당할 때도 지극히 평안한 가운데 주님 품으로 돌아갔습니다. 자신

66

의 죄를 생각하면서 애통해하고 통곡하면 주님께서 불쌍히 여기시고 용서와 위로의 복을 주십니다.

애통하는 사람에게 임하는 사랑의 능력

이웃의 고통을 애통해하는 사람에게는 사랑의 능력을 주심으로 위로하십니다. 우리는 때때로 고통당하는 이웃을 볼 때 말할 수 없는 고통을 느끼게 되어 눈물 흘리며 통곡하는 경우가 있습니다. 주님께서는 이러한 모습을 보시고 위로하시며 그에게 크고 놀라운 사랑의 능력을 주십니다. 슈바이처 박사는 어린 시절 공원에서 프랑스의 브류아 장군의 동상을 본 적이 있습니다. 위풍당당한 장군 동상의 발 아래에는 불쌍한 아프리카 흑인이 고통스러운 표정을 지으면서 깔려 있었습니다. 이 모습을 보고 슈바이처의 가슴은 심히 괴로웠고, 아프리카 사람들에 대한 애통의 마음으로 가득했습니다. 주님께서는 그에게 사랑의 능력을 주시면서 위로하셨고, 그는 아프리카의 성자가 되었습니다. 테레사 수녀는 인도 캘커타의 빈민가 모습을 보고 충격을 받았으며, 말할 수 없이 큰 애통의 마음이 일어났습니다. 주님께서는 그를 위로하시고 사랑의 능력을 주셔서 인도의 성녀가 되

게 하셨습니다. 하나님께서는 이 두 분들을 심히 영광스럽게 하셔서 두 분 다 노벨 평화상을 받게 하셨고, 20세기를 찬란하게 비추는 밝은 빛이 되게 하셨습니다.

영적인 어둠에 애통해하는 사람에게는 복음의 능력을 주심으로 위로하십니다. 우리 주위에는 영적인 어둠 가운데서 고통당하는 사람들이 많이 있습니다. 하나님을 알지 못하고, 구원의 길을 알지 못하여 죄악 가운데 살다가 멸망으로 끝나는 인생들이 참 많습니다. 이러한 인생들을 생각하면서 애통하는 사람들은 복이 있습니다. 하나님께서 그를 위로해 주시고, 복음을 전하는 능력을 주십니다. 그 눈물을 보시고 놀라운 구원의 은혜를 허락해 주십니다. 한국 교회의 아버지라 할 수 있는 언더우드 목사는 1885년 부활절에 인천항에 도착하여 다음과 같은 기도를 올렸습니다.

주여! 지금은 아무것도 보이지 않습니다.
주님, 메마르고 가난한 땅
나무 한 그루 시원하게 자라오르지 못하고 있는 땅에
저희들을 옮겨와 심으셨습니다.
그 넓은 태평양을 어떻게 건너왔는지 그 사실이 기적입니다.

주께서 붙잡아 뚝 떨어뜨려 놓으신 듯한 이곳,
지금은 아무것도 보이지 않습니다.
보이는 것은 고집스럽게 얼룩진 어둠뿐입니다.
어둠과 가난과 인습에 묶여 있는 조선 사람뿐입니다.
그들은 왜 묶여 있는지도,
고통이라는 것도 모르고 있습니다.
고통을 고통인 줄을 모르는 자에게
고통을 벗겨주겠다고 하면 의심하고 화부터 냅니다.

조선 남자들의 속셈이 보이지 않습니다.
이 나라 조정의 내심도 보이지 않습니다.
가마를 타고 다니는 여인네들을 영영 볼 기회가 없으면 어
쩌나 합니다.
조선의 마음이 보이지 않습니다.
그리고 저희가 해야 할 일이 보이질 않습니다.

그러나, 주님 순종하겠습니다.
겸손하게 순종할 때 주께서 일을 시작하시고
그 하시는 일을
우리들의 영적인 눈이 볼 수 있는 날이 있을 줄 믿나이다.

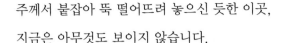

"믿음은 바라는 것들의 실상이요,
보지 못하는 것들의 증거니…"
라고 하신 말씀을 따라 조선의 믿음의 앞날을 볼 수 있게
될 것을 믿습니다.

지금은 우리가 황무지 위에 맨손으로 서 있는 것 같사오나
지금은 우리가 서양 귀신 양귀자라고
손가락질받고 있사오나
저희들이 우리 영혼과 하나인 것을 깨닫고,
하늘나라의 한 백성, 한 자녀임을 알고 눈물로 기뻐할 날
이 있음을 믿나이다.

지금은 예배드릴 예배당도 없고 학교도 없고
그저 경계의 의심과 멸시와 천대함이 가득한 곳이지만
이곳이 머지않아 은총의 땅이 되리라는 것을 믿습니다.

주여!! 오직 제 믿음을 붙잡아 주소서!!

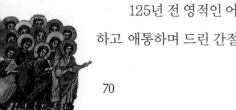

125년 전 영적인 어둠 속에 있는 이 나라를 바라보며 탄식
하고 애통하며 드린 간절한 기도입니다. 어둠과 가난과 인습에

묶여 있으면서 자신들이 당하는 고통을 고통인지조차 알지 못하는 이 백성들을 향하여 탄식하며 드린 기도입니다. 그러나 이러한 탄식 가운데서도 소망과 믿음을 잃지 않은 위대한 선교사의 기도입니다. 주님께서는 언더우드 선교사의 이 탄식의 기도를 들으시고 이 땅 위에 복음의 역사를 일으키셨습니다. 세계 선교의 역사에서 가장 크고 아름다운 열매를 이 땅에 허락하심으로 언더우드 선교사를 위로하셨고, 이 땅에 와서 수고한 모든 선교사들과 그 후손들에게 큰 기쁨을 주셨습니다. 애통하는 자에게는 복이 있습니다. 이 세상 인생들의 죄악과 불행과 고통을 보면서 애통하심으로 위로를 받는 복을 누리시기 바랍니다.

제5장

온유한
사람의 복

온유한 자는 복이 있나니
그들이 땅을 기업으로 받을 것임이요

마태복음, 5장 5절

온유함의 의미

온유함이란 말 그대로 따뜻하고 부드러운 마음과 태도입니다. 사랑과 인내함으로 나타나는 온화하고 부드러운 마음이 온유입니다. 칼빈 선생께서는 온유란 부드러운 마음으로 살며 노하기를 더디고 절제하는 태도라고 말씀하셨습니다. 한마디로 말해서 온유함이란 따뜻하고 부드럽고 인내하고 절제하는 신앙 인격을 의미합니다.

온유함을 무엇에 비유할 수 있을까요? 바닷가에 있는 가늘고 부드러운 모래에 비유할 수 있습니다. 가늘고 부드러운 모래밭에서는 어린아이들이 맨발로 뛰어다녀도 아무 문제가 없습니다. 놀다가 넘어져도 전혀 다치지 않습니다. 그 모래가 부드럽게 감싸 주기 때문입니다. 반대로 온유하지 못한 사람은 차갑고 거칠고 인내하지 못하고 상처 주는 성품을 가진 사람을 말합니다. 이것은 강 상류의 뾰족한 돌과 비슷합니다. 그러한 돌 위로 맨발로 다니다가는 발이 크게 상하게 되며, 넘어지면 크게 다칩니다. 그와 같이 거칠고 뾰족뾰족한 바위는 사람의 살을 감싸 주지 못하고 콕콕 찌르기 때문입니다. 우리 모든 성도님들은 바닷가의 모래처럼 온유한 사람이 되시기 바랍니다.

온유함은 연약함이나 무능함이 아님

온유함에 대하여 흔히 가지는 오해 가운데 하나는 온유함을 연약함이나 무능함으로 생각한다는 것입니다. 그러나 사실은 반대입니다. 약한 사람은 인내하지 못하고 절제하지도 못합니다. 그러므로 연약한 사람은 온유한 사람이 될 수 없습니다. 오직 강하고 능력 있는 사람만이 인내하고 절제할 수 있습니다. 그러므로 강하고 능력 있는 사람만이 온유한 사람이 될 수 있는 것입니다. 화를 참지 못하고 분노를 쉽게 터뜨리는 사람은 강한 사람이 아니라 실상은 약한 사람입니다. 분노는 내면의 무엇인가가 깨어지고 있다는 것을 보여주는 것입니다. 약한 사람은 쉽게 깨어지고, 깨어지기 때문에 요란한 소리를 냅니다. 이렇게 터져 나오는 요란한 소리가 분노와 격정입니다.

이것은 깊은 물과 얕은 물로 비유할 수 있습니다. 깊은 물은 조용히 흘러갑니다. 그러다 높은 절벽을 만나면 거대한 폭포수가 되어 천지를 뒤흔드는 소리를 내면서 떨어집니다. 그러나

얕은 물은 소란스럽습니다. 바위를 만나면 바위와 부딪치면서 소리를 냅니다. 나무 뿌리를 만나면 나무 뿌리와 부딪치면서 소리를 냅니다. 온유함이란 조용히 흘러가는 강물과 같습니다. 그 안에는 엄청난 힘이 있고, 그 안에서 뭇 생명들이 살아가고 있지만, 그 모든 것을 감싸 안으면서 소리를 내지 않고 조용히 흘러갈 뿐입니다.

그러므로 온유한 사람이 되려면 강해야 하고, 내면의 세계가 충만해야 합니다. 약하고 내면의 세계가 얕은 사람은 온유할 수 없습니다. 미국의 초대 대통령 워싱턴 장군에 대한 일화입니다. 미국 독립군 총사령관이었던 그가 전쟁터를 방문하였습니다. 그때 마침 막사를 만드는 작업이 진행되고 있었습니다. 워싱턴 장군이 두꺼운 외투를 입고 있었기 때문에 그의 계급장이 보이지 않았습니다. 그 일을 지휘하던 하사관이 워싱턴 장군을 알아보지 못하고 명령을 했습니다. "어이, 자네 빨리 이것 좀 가져와" 하고 말했습니다. 그러자 워싱턴 장군은 "예" 하고 대답한 다음 급히 가서 가져왔습니다. 나중에 그 하사관이 워싱턴 장군을 알아보게 되었습니다. 그는 놀라서 어찌할 바를 몰랐습니다. 그러자 워싱턴 장군은 빙긋이 웃으면서 "나도 그 정도 물건을 나를 힘은 있기에 가져온 것이라네" 하고 대답했습니다. 만일 하사관의 지시를 받은 사람이 대위나 소령쯤 되었다면 성질을 확

부렸을지 모릅니다. "사람을 뭘로 보고 하사관 주제에 나를 시키느냐"고 호통을 쳤을 것입니다. 그러나 워싱턴 장군은 미국 최고 사령관이었기에 빙긋이 웃으면서 하사관의 심부름을 할 수 있었던 것입니다. 온유한 모습을 보일 수 있었습니다. 온유함은 연약하고 무능력한 사람은 가지기 어려운 성품입니다. 강한 사람만이 온유할 수 있습니다. 깊은 인격과 능력을 가지심으로 온유한 사람이 되시기 바랍니다.

하나님을 온전히 의지해야 얻는 품성

온유한 사람이 되기 위해서는 자신의 힘을 절제하면서 인내할 수 있어야 합니다. 온유한 사람이 되기 위한 인내와 절제는 언제 가능할까요? 하나님이 어려운 문제를, 또는 자신의 억울함을 해결해 주실 것을 믿는 사람이 인내할 수 있습니다. 어떤 문제의 해결을 하나님의 손길에 맡기는 사람만이 자신의 힘을 휘두르지 않고 절제할 수 있습니다.

모세의 온유함은 이러한 모습을 잘 보여주고 있습니다. 출애굽과 광야 생활의 여정 가운데서 모세가 구스 여인을 아내로 취했습니다. 구스란 이디오피아를 말합니다. 따라서 구스 여인

은 이디아피아 출신의 흑인이었습니다. 모세가 구스 여인을 아내로 취하게 된 이유는 정확하게 알 수 없습니다. 모세의 원래 부인 십보라의 이야기가 〈출애굽기〉 4장 이후에는 나오지 않는 것으로 보아 그의 아내가 광야 길에서 죽었을 것으로 여겨집니다. 그리고 구스 여인은 모세의 종으로서 모세를 신실하고 지혜롭게 섬겼기에 그의 아내가 되었을 가능성이 큽니다.

어쨌든 모세가 이스라엘 여성이 아닌 타종족 여성과 결혼을 하자 모세의 형 아론과 누이 미리암이 반대를 합니다. 단순한 반대의 정도를 넘어서서 모세를 비방했습니다. 그리하여 말하기를 "여호와께서 모세와만 말씀하셨느냐 우리와도 말씀하지 아니하셨느냐" 하고 말했습니다. 그러나 모세는 아무 말도 하지 않고 잠잠히 있었습니다. 이렇게 잠잠한 모습에 대해서 〈민수기〉 12장 3절 말씀은 "이 사람 모세의 온유함이 지면의 모든 사람보다 더하더라"고 하였습니다. 이 당시 모세에게 능력이 없는 것이 아니었습니다. 모세는 군사적, 정치적, 영적 힘을 가지고 있었습니다. 그러나 그는 아무 말도 하지 않았습니다. 하나님께서 개입하시고, 하나님께서 해결해 주실 것을 믿었기 때문이었습니다. 이 모습을 처음부터 끝까지 보신 여호와 하나님께서 드디어 개입하십니다. 여호와께서는 미리암과 아론을 책망하셨습니다. 아론은 대제사장이기에 책망만 하시고 그대로 두었

지만, 미리암에게는 나병이 걸리게 하셨습니다. 이 모습을 본 모세는 누이 미리암을 위하여 간곡히 기도하였습니다. 여호와께서는 모세의 기도를 들어주셨지만, 미리암을 진 밖에 7일 동안 가두어 두게 하심으로 하나님의 징계를 보여주셨습니다.

그렇습니다. 온유한 사람이 되려면 내가 거칠고 험한 행동을 하지 않아도 하나님께서 문제를 해결해 주신다는 믿음을 가져야 합니다. 원수 갚는 것은 나의 일이 아니라 하나님의 일임을 온전히 믿을 때 우리는 온유할 수 있습니다. 어떤 어려운 문제나 억울한 일을 당하여 하나님께 맡기지 못하고 내가 내 손으로 내 방법대로 해결하려고 하면 거칠고 어지러워지게 됩니다. 온유함을 잃게 됩니다. 하나님의 손길을 온전히 의지하심으로 억울한 일을 당할 때도 온유한 성도님 되시기 바랍니다.

땅을 기업으로 받는 복

주님께서는 온유한 사람이 땅을 차지하는 복을 받는다고 했습니다. 그렇습니다. 온유한 사람이 땅을 차지하고, 땅에서 오래 살게 됩니다. 반대로 성질이 급하고, 쉽게 분노하며 공격적인 마음을 가진 사람은 오래 살지 못하며, 이 땅을 기업으로 받

을 수 없습니다. 왜 온유하지 못한 사람이 오래 살지 못할까요? 온유하지 못하면 자기 속에서 독이 나옵니다. 그리고 그 독으로 인해 스스로 해를 입기 때문입니다.

인도의 방울뱀은 엄청난 독성을 가지고 있어서 그 뱀에게 물리면 누구나 얼마 가지 못해 죽습니다. 그런데 그 뱀의 독성이 너무 강하기 때문에 자기 이빨에서 흘러나온 독에 의해 뱀 자신이 죽는 경우가 많다고 합니다. 사막에 사는 전갈 가운데는 성질이 나면 꼬리로 자기를 찔러서 죽기도 합니다. 사람도 마찬가지입니다. 온유하지 못한 사람은 그 속에 독성이 들어 있습니다. 독을 다른 사람을 향해서 뿜기 전에 그 독이 자기 자신의 몸과 마음을 상하게 합니다. 그래서 온유하지 못한 사람은 이 땅 위에서 오래 살지 못하고, 이 땅을 기업으로 차지하지 못합니다.

이 땅 위에서 오래 사는 짐승들은 부드럽고 온순한 초식 동물들입니다. 토끼, 소, 양 같은 동물들이 온순하고 온유하여 오래 살아갑니다. 대대로 후손들을 퍼뜨리며 이 세상을 뒤덮고 있습니다. 사람도 마찬가지입니다. 언뜻 보면 거칠고 독한 사람이 강한 사람처럼 보이고, 다른 사람을 지배하며 오래 살 것 같습니다. 그러나 거칠고 독한 사람은 오래 살지 못합니다. 자신 속에 독성분을 지니고 있기 때문입니다. 남자와 여자를 비교하면 일반적으로 여자가 좀 더 온유합니다. 그래서 여성들이 남성

보다 더 오래 살게 됩니다. 우리나라도 여성이 남성보다 평균 수명이 약 7년 정도 더 긴 것으로 나옵니다.

역사와 문명도 마찬가지입니다. 제국의 역사를 보면 한 나라가 흥왕할 때 그 나라는 군사력과 무기를 증강시켜 온 세계를 정복하고자 합니다. 이러한 과정에서 군사력을 유지하는 데 힘이 소진되어 버리고, 결국 제국이 무너지게 됩니다. 현재 세계에서 가장 강대한 나라는 미국입니다. 그런데 미국을 무너뜨리는 3대 요소를 든다면 '마약' '가정의 해체' '국방비'라고 합니다. 미국 한 나라의 국방비 총액이 다른 나머지 모든 국가의 국방비 총액과 비슷한 수준입니다. 전쟁을 좋아하고 포악한 나라는 망하게 되어 있습니다. 북한도 백성들은 굶주리고 있는데, 엄청난 돈을 들여 핵무기와 미사일을 개발하고 있습니다. 핵무기로 강성대국을 만들겠다는 것은 온유하지 못한 행동이기에 땅을 기업으로 차지할 수 없습니다. 평화를 좋아하는 나라, 온유한 백성들은 망하지 않고 이 땅에서 평안하게 살아갈 수 있습니다.

하나님의 선한 도구가 되는 온유함

주님께서는 온유한 사람이 땅을 기업으로 받는다고 하셨

습니다. 여기서 땅이란 헬라어로 '겐' 인데, 이것은 '흙' 혹은
'토지' 라는 의미를 가지고 있으면서 아울러 '세상' '인간 세계'
'나라' 라는 의미를 가지고 있습니다. 그러므로 땅을 기업으로
받는다는 것은 땅을 차지하고, 그 위에서 오래 산다는 것 이상
의 의미를 가지고 있습니다. 땅을 기업으로 받는다는 것은 이 땅
위에서 사명을 받는다는 의미가 있습니다. 온유한 사람은 하나
님이 원하시는 세상을 만드는 데 쓰임받게 됩니다. 하나님께서
이 땅 위에 하나님의 나라를 세우실 때 어떤 사람을 사용하시겠
습니까? 하나님은 온유한 사람을 통해 뜻을 이루어 가십니다.

　'온유하다' 는 말은 헬라어로 '프라우스' 인데, 이것은 길
이 잘 들여져 주인을 잘 따르는 가축의 품성을 의미할 때 사용
하는 말입니다. 그렇습니다. 온유한 사람은 길들여진 사람이기
때문에 사용하기 좋은 사람입니다. 하나님은 온유한 사람을 사
용하시어 땅 위에서 하나님의 나라를 위해 일하게 하십니다.
잘 길들여진 가축은 누구에게든지 쓰임받을 수 있습니다. 어린
아이가 끌고 가도 잘 따라갑니다. 마찬가지로 온유한 사람은 잘
길들여져 있습니다. 자신의 자아를 잘게 깨서 부드러운 모래처
럼 만들어 놓았습니다. 그러므로 누구하고나 잘 어울릴 수 있습
니다.

　큰 통에 돌을 가장 많이 담으려면 어떻게 해야 하는지 아

십니까? 처음에는 큰 돌을 넣어서 가득 채웁니다. 그 다음에는 콩알만한 작은 돌을 넣습니다. 그러면 큰 돌 사이로 들어가서 많이 채워지게 됩니다. 마지막으로 모래를 넣습니다. 그러면 모래가 콩알만한 돌들 사이로 들어가서 빈 곳을 많이 채울 수 있습니다. 모래와 같이 온유한 사람은 이처럼 누구와도 잘 어울릴 수 있습니다. 누구와도 잘 협조하고 도움을 줍니다. 자기를 내세우지 않고 인내하면서 자신이 맡은 일을 잘 감당합니다. 다른 사람과 충돌을 일으키지 않습니다. 그리하여 다른 사람에게 사랑을 받고 귀하게 쓰입니다. 우리 주위에는 능력은 있어도 자꾸 충돌을 일으키는 사람이 있는데, 이런 분들은 온유하지 못한 분들입니다. 온유하지 못하면 다른 사람과 함께하지 못합니다. 다른 사람과 함께하지 못하면 쓰임받지 못합니다.

어느 중국 선교사의 이야기입니다. 중국 땅에 가서 복음을 전파하자 불만을 품은 주민들이 있었습니다. 특히 그 지역에서 오랫동안 영적인 지도력을 행사하던 점쟁이들의 불만이 더욱 컸습니다. 그들의 선동에 의해서 주민들이 큰 바구니에 감자를 가득 담아 가지고 주일에 예배당으로 몰려 왔습니다. 예배가 진행되고 있을 때 그들이 감자를 강단으로 던지고 온갖 욕설을 퍼부었습니다. 흥분한 성도들이 일어나서 감자를 던진 사람들

84

을 혼내주려고 했습니다. 그러자 선교사님께서 말씀하시기를 "돌을 던지지 않고 감자를 던진 것을 보니 아주 나쁜 사람들은 아닌듯하니 그냥 참읍시다"라고 했습니다. 그리고는 예배당 안으로 던져진 감자들을 다 모아서 정성껏 쪼개어 교회 옆 텃밭에 심었습니다. 그 해 가을이 되어 많은 감자가 수확되었습니다. 선교사님과 성도들이 그 감자들을 거두어서 던진 사람들에게 나누어 주었습니다. 그리고 예수님의 사랑을 받아들이라고 말했습니다. 이처럼 온유한 선교사님의 모습을 보면서 마을 주민들은 크게 부끄러워하였고, 복음을 받아들였습니다. 그렇습니다. 온유한 사람은 땅을 기업으로 받으며, 하나님의 나라가 이 땅 위에 세워지는 데 쓰임을 받습니다. 온유하여 주님께 쓰임받는 성도님들 되시기 바랍니다.

제6장

의에 주리고
목마른
사람의 복

의에 주리고 목마른 자는 복이 있나니

그들이 하나님을 볼 것임이요

마태복음, 5장 6절

의(디카이오쉬네)의 의미

의란 근본적으로 관계 속에서 나타납니다. 의란 나와 하나님, 그리고 나와 이웃 사이에 바른 관계가 이루어지는 것을 의미합니다. 하나님과의 관계에서 의가 이루어지는 것은, 인생의 입장에서는 하나님을 섬기고 찬양하는 것이며, 하나님의 입장에서는 인생들을 돌보시고 은혜 내려주시는 것을 말합니다. 하나님께서는 우리 인생들을 향하여 의로운 관계를 깨뜨리시지 않습니다. 그러므로 하나님과의 의가 깨지는 것은 우리 인생들이 잘못해서 생기는 결과입니다. 우리 인생들이 하나님을 부인하여 하나님을 하나님으로 인정하지 않고, 하나님을 섬기지 않으면 하나님과의 의가 깨집니다. 인간이 교만하여 스스로 하나님의 자리를 차지하려고 할 때 하나님과의 의가 깨집니다. 그러나 인간이 하나님의 창조주 되심과 온 세상의 주관자 되심을 알고 겸손히 그 앞으로 나아가 경배하며, 그의 뜻을 따라 살 때 하나님과의 의가 이루어질 수 있습니다.

이웃과의 관계에서의 의는 각자가 서로에 대해서 책임과

의무를 다하는 것입니다. 예를 들어 부모는 부모로서의 책임을 다하고 자식은 자식으로서의 도리를 다할 때, 부모와 자식 사이에 의가 이루어진 것입니다. 우리 조상들은 오륜(五倫)을 가지고 사람과 사람 사이의 의를 규정했습니다. 부모와 자식 사이에는 친함이 있어야 하고(父子有親/부자유친), 임금과 신하 사이에는 의로움이 있어야 하고(君臣有義/군신유의), 부부 사이에는 구별이 있어야 하며(夫婦有別/부부유별), 어른과 아이들 사이에는 순서가 있어야 하고(長幼有序/장유유서), 친구들 사이에는 믿음이 있어야 한다(朋友有信/붕우유신)고 했습니다.

현대 사회에서는 사람과 사람 사이의 관계들이 점점 복잡해지고 있습니다. 자본가와 노동자, 사용자와 피고용자, 전문직과 대중, 관료와 시민, 판매자와 구매자, 성도와 비성도, 한국인과 외국인 등 수없이 많은 관계들이 만들어지고 있습니다. 이러한 관계들 속에서 자신들이 감당해야 할 책임과 의무를 다하는 것이 바로 의를 이루는 것입니다. 사람들 사이에서 의가 이루어질 때 공의 혹은 사회 정의가 이루어진 세상이 되며, 이러한 의가 이루어지지 못할 때 불의한 세상이 됩니다.

하나님이 우리 인생들에게 주신 계명은 하나님과 인간 사이에, 그리고 사람과 사람 사이에 의가 이루어지도록 하기 위해서 주신 것입니다. 신구약성경에 나오는 하나님의 계명을 마음

속에 잘 간직하고, 삶의 상황에 맞추어 잘 적용하게 되면 하나님께서 원하시는 의를 이룰 수 있습니다. 주님께서는 모든 의를 이루는 최고의 계명을 다음과 같이 말씀하셨습니다. "네 마음을 다하고 목숨을 다하고 뜻을 다하여 주 너의 하나님을 사랑하라 하셨으니 이것이 크고 첫째되는 계명이요, 둘째도 그와 같으니 네 이웃을 네 자신같이 사랑하라 하셨으니 이 두 계명이 온 율법과 선지자의 강령이니라"(〈마태복음〉 22장 37-40절)고 말씀하셨습니다.

의에 주리고 목마름의 의미

우리 인간은 누구나 다 한계를 가진 불완전한 존재입니다. 그러므로 하나님 혹은 이웃과 온전한 의를 이루지 못합니다. 우리에게는 온전한 의를 이룰 수 있는 지식도 능력도 정성도 부족합니다. 그러므로 우리는 의를 이루었다고 자신 있게 말할 수 없습니다. 어떤 권사님이 10년 넘게 병석에 계신 시어머님을 잘 모셨습니다. 주위 사람들이 다들 효부라고 칭찬을 했습니다. 그러다 시어머님이 돌아가셨습니다. 그러자 며느리가 통곡을 하는 것이었습니다. 울면서 말하기를 "이렇게 빨리 떠나실 줄 알

앞으면 더 잘해 드리는 것인데"라고 했습니다. 장례가 모두 끝
난 다음 그 권사님은 남편에게 고백하기를 어머님을 모시면서
마음속으로 짜증을 부린 적이 많이 있었으며, 또한 빨리 돌아가
시기를 은근히 바랐다고 했습니다. 어머님이 돌아가시자 그런 마
음을 먹은 것이 그렇게 죄송스럽다고 했습니다. 이처럼 착하고
훌륭한 권사님도 자신이 어머니와의 관계에서 의를 온전히 이루
지 못했다고 생각하였기에 통곡하고 탄식하였던 것입니다.

하나님과의 의를 이루는 것은 더 어렵습니다. 죄인된 인
간으로서 거룩하신 하나님과 바른 관계를 맺는 것은 불가능한
일입니다. 거룩하신 하나님을 바라볼 때 "나를 떠나소서, 나는
죄인이니이다"(〈누가복음〉 5장 8절)라고 고백할 수밖에 없는 것
이 우리 인생의 모습입니다. 아무리 율법을 잘 지키고 선행을 하
며 수도 생활을 열심히 한다 해도 하나님과의 관계에서 온전히
의를 이룰 수 없습니다. 그래서 바울 사도께서는 말씀하시기를
"의인은 없나니 하나도 없으며 깨달은 자도 없고 하나님을 찾
는 자도 없도다"(〈로마서〉 3장 10절)라고 했습니다. 그러므로 우
리는 우리 자신의 힘으로는 의로운 자가 될 수 없고, 오직 예수
님의 십자가 공로를 의지하여 의롭다고 인정받는 자가 될 수 있
을 뿐입니다.

우리는 스스로 의로운 자가 될 수 없습니다. 그러나 의에 주리고 목마른 사람이 될 수는 있습니다. 의에 주리다고 할 때 '주리다'는 헬라어로 '페이나오'입니다. '페이나오'란 예수님이 40일 동안 금식하셨을 때의 그 주린 상태를 의미하는 말입니다. 또한 의에 목마르다고 할 때 '목마르다'는 헬라어로 '딥사오'인데, 이것은 주님께서 십자가에 달려 "내가 목마르다"고 말씀하셨을 때의 그 목마름과 같은 말입니다. 우리 자신 의인이 될 수는 없지만, 의에 대하여 주리고 목말라하는 사람이 될 수는 있습니다. 우리 주님이 40일간 금식하실 때 주리신 것처럼 이 세상에 의가 이루어지기를 위하여 주려야 합니다. 우리 주님이 십자가에 달려 돌아가실 때 목마르셨던 것처럼 우리도 이 세상에 의가 이루어지기를 위하여 목말라야 합니다. 이렇게 의에 주리고 목마른 사람을 하나님께서는 귀하게 보시고 복을 내려주십니다.

의에 주리고 목마른 사람의 삶

　목마른 사람이 물을 찾듯, 배고픈 사람이 양식을 찾듯, 의에 주리고 목마른 사람은 의를 사모하고 찾습니다. 바울 사도

께서는 일평생 의에 주리고 목말라하면서 사셨던 분입니다. 사도께서는 전도자로서, 그리고 복음을 맡은 사도로서 하나님 앞에 바로 서기 위하여, 즉 의를 이루기 위하여 애써 수고하셨습니다. 복음 전파를 위해서 온갖 고난을 다 당하셨고, 자신의 목숨까지도 던지셨습니다. 《목적이 이끄는 삶》이란 책으로 유명한 '릭 워렌' 목사님의 아버지도 그런 분이셨습니다. 그분은 목사로서 평생을 지내셨는데, 아들처럼 유명한 분은 아니셨지만 하나님 아버지 앞에서 전도자로서의 책임과 의무를 다함으로 의를 이루기 위하여 최선을 다하셨습니다. 일평생 복음 전파에 목마른 분이셨습니다. 나이가 많이 드셔서 돌아가실 때가 되었을 때도 오직 전도에 대한 목마름을 표현하셨습니다. 마지막 순간 혼수 상태에 계실 때에도 때때로 의식이 돌아오면 하시는 말씀이 "한 사람에게라도 더 전해야 해. 한 사람이라도 더 전해야 해"라는 말씀을 반복하셨습니다. 그 목사님은 전도자로서의 의에 주리고 목마른 분이셨습니다.

이웃과의 의, 사회 정의에 주리고 목말라 목숨을 던져 수고한 사람들도 많이 있습니다. 독립 운동, 인권 운동, 민주화 운동 등을 하면서 의를 이루고자 목숨을 던진 사람들이 많이 있습니다. 이처럼 의에 주리고 목마른 삶을 산 사람들의 간절한 마

음을 시인 김지하는 〈타는 목마름으로〉라는 시로 다음과 같이
표현했습니다.

신새벽 뒷골목에
네 이름을 쓴다 민주주의여
내 머리는 너를 잊은 지 오래
내 발길은 너를 잊은 지 너무도 너무도 오래
오직 한 가닥 있어
타는 가슴속 목마름의 기억이
네 이름을 남몰래 쓴다 민주주의여

아직 동 트지 않은 뒷골목의 어딘가
발자국 소리 호르락 소리 문 두드리는 소리
외마디 길고긴 누군가의 비명 소리
신음 소리 통곡 소리 탄식 소리 그 속에 내 가슴팍 속에
깊이깊이 새겨지는 내 이름 위에
네 이름의 외로운 눈부심 위에
살아오는 삶의 아픔
살아오는 저 푸르른 자유의 추억
되살아오는 끌려가던 벗들의 피 묻은 얼굴

떨리는 손 떨리는 가슴
떨리는 치떨리는 노여움으로 나무 판자에
백묵으로 서툰 솜씨로 쓴다

숨죽여 흐느끼며
네 이름을 남몰래 쓴다.
타는 목마름으로
타는 목마름으로
민주주의여 만세

의에 주리고 목마른 사람에게는 뜨거운 열정이 있습니다.
보통 사람이 할 수 없는 놀라운 헌신이 있습니다. 하나님의 나
라를 이루고, 이 땅 위에 공의를 이루게 됩니다. 모든 위대한 역
사는 의에 주리고 목마른 사람에 의해 이루어졌습니다. 역사를
바꾼 위대한 위인들은 모두 의에 주리고 목마른 사람들이었습
니다. 의에 주리고 목마른 심정으로 헌신하심으로 위대한 역사
를 이루시기 바랍니다.

'하나님의 의' 와 '자기 의' 의 구분

　우리들 주변을 보면 의를 갈망한다고 하면서 자기 의를 구하는 경우가 많이 있습니다. 하나님과의 바른 관계를 맺는 믿음의 의를 이루는 데 있어 자기 방식만을 고집하는 사람이 있습니다. 다른 사람의 믿음을 인정하지 않고 자신의 믿음만이, 자신의 방식만이 가장 의롭다고 주장하는 분이 있습니다. 이렇게 되면 하나님의 의를 이루는 것이 아니라 자기 의를 내세우는 것이 되고 맙니다.

　이웃과의 관계에서도 자기 의가 드러나는 경우가 많습니다. 자신의 생각과 자신의 방식을 가장 옳은 것으로 생각하면서 다른 사람의 삶의 방식과 인간 관계를 자신에게 맞추려고 하는 사람이 있습니다. 이런 분들은 사실 참된 공의를 추구하는 것이 아니라 자기 의를 구하는 사람입니다. 인터넷에 들어가서 댓글을 보면서 참 마음이 아픈 적이 여러 번 있었습니다. 사회적으로 미묘하고도 복잡한 문제에 대해서 정확하게 잘 알지도 못하면서 억지 주장을 하고, 자신과 의견이 다른 사람을 한마디로 욕하고 매도하는 모습을 보면 참 안타깝습니다. 그런 분들은 마음이 거칠고 어지러운 사람이며, 자기 의에 사로잡힌 사람입니다.

　그러므로 우리는 하나님의 의, 참된 사회 정의를 구하기 위하여 늘 겸손해야 합니다. 겉으로는 의를 구한다고 하면서 사실은 자기 의를 내세우고 있지는 않은지 늘 돌이켜보아야 합니다. 70년대 도시산업선교회 활동을 통해서 한국의 노동 운동에 크게 기여한 목사님께서 활동을 잠시 중단하고 호주 유학을 떠나신 적이 있었습니다. 이렇게 해야 할 일이 많은데 유학을 떠나는 것이 무책임한 일이 아니냐고 비난하는 사람들도 있었습니다. 그때에 그 목사님께서 말씀하시기를 "내가 노동 운동, 사회 운동에 깊이 관여하다 보니 주로 공격하고 단죄하고 원망하는 말과 행동을 하게 되었습니다. 그러다 보니 마음이 자꾸 강퍅해지는 것을 느끼게 되었습니다. 그래서 겸손히 나 자신을 돌이켜보기 위해서 떠납니다"라고 했습니다. 그렇습니다. 우리가 의를 추구하기 위해서 열심을 내다 보면 자기도 모르는 사이에 '자기 의'에 빠지는 경우가 있습니다. 늘 겸손하여 자기 의에 빠지지 말고 하나님의 의, 참된 공의를 이룹시다.

의에 주리고 목마른 사람에게 주어지는 복

하나님께서는 의에 주리고 목마른 사람에게 갈증이 풀리고 배부르게 되는 복을 얻게 하십니다. 하나님과의 의, 하나님과의 바른 관계를 얻기 위해서 주리고 목마른 사람을 위하여 새로운 의를 예비하셨습니다. "이제는 율법 외에 하나님의 한 의가 나타났으니 곧 예수 그리스도를 믿음으로 말미암아 모든 믿는 자에게 미치는 하나님의 의니 차별이 없느니라"(《로마서》 3장 21-22절)고 하셨습니다. 하나님께서는 율법을 지킴으로써 얻는 의가 아닌 새로운 의, 즉 믿음으로 얻는 의를 허락하셨습니다. 이러한 의를 신학적으로는 '덧입혀진 의'라고 부릅니다. 즉 죄인된 우리 위에 십자가의 공로가 덧입혀짐에 따라 죄인인 우리가 의인으로 인정되었습니다. 의에 주리고 목마른 사람은 믿음으로 얻는 의를 통해 갈증이 풀리고 배부르게 되었습니다.

한국 교회 초대 목사이신 길선주 목사님은 복음을 받아들이기 전 하나님과의 의를 이루기 위하여 주리고 목말랐던 분이셨습니다. 길선주 목사님은 1869년 3월 15일 평안북도 안주에서 출생하셨습니다. 그분은 비교적 유복한 가정에서 자라 한학

을 배웠습니다. 어린 시절 질병에 시달렸고, 한 번은 불량배에게 맞아 죽음 직전에까지 이른 적도 있었습니다. 영적인 감수성이 예민했던 소년 길선주는 아버지와 형의 문란한 생활에 염증을 느꼈습니다. 그래서 열여섯 살 때에 수행의 길을 떠났습니다. 평양 근처에 있는 용악산에 입산하여 수도 생활을 했지만, 가지고 있던 병이 악화되어 하산할 수밖에 없었습니다. 어느 정도 몸이 회복되자 다시 입산하여 관성교에 심취하였습니다. 그곳에서 차력과 주문을 배웠습니다. 그러나 영혼의 만족을 찾을 수 없었습니다. 그리하여 스물한 살 때는 선도의 수련에 몰두하기도 했습니다. 이처럼 청년 길선주는 영원하고 참되며 거룩한 그 무엇을 찾아 헤맸습니다. 그러나 영적인 허기와 갈증을 풀 수 없었습니다.

그러다가 스물일곱 살 되던 해, 친구 김종섭의 전도로 미국 북장로교의 '사무엘 마펫' 선교사를 만나게 됩니다. 그를 통해 성경과 《천로역정》을 소개받아 열심히 읽었습니다. 그는 《천로역정》에 깊은 감동을 받았습니다. 천성을 향해 떠나가는 그리스도인의 모습이 참된 진리에 목말라 헤매던 자신의 모습과 너무나도 비슷했기 때문이었습니다. 그는 깊은 밤 기도하던 중에 자신의 이름을 부르는 하나님의 음성을 듣게 됩니다. 온몸이 불덩이처럼 달아오르는 것을 느꼈습니다. 그는 울며 회개하는

기도를 하였으며, 그 결과 영적 목마름이 해소되는 은혜를 받았습니다.

이 일이 있은 후에 그는 성경읽기에 몰두하였고, 여러 차례의 금식과 철야를 했습니다. 청년 길선주의 범상치 않은 영적 능력을 알아본 선교사들의 안내로 1903년 평양신학교에 입학하였습니다. 그리고 평양신학교를 졸업하고 목사가 되던 해인 1907년 평양 장대현 교회 부흥 운동이 일어나는 데 주도적인 역할을 감당했습니다. 그는 주님과 복음을 위해 하나님의 종으로서 한평생 살다가 설교 도중 쓰러져 주님의 부르심을 받았습니다. 그는 하나님과의 의에 주리고 목마른 사람이었으며, 주님께서는 그에게 영적인 배부름을 허락해 주셨습니다.

길선주 목사님이 하나님과의 의에 주리고 목마른 사람이었다면, 영국의 윌리엄 윌버포스(1759-1833) 의원은 인간과 인간 사이의 의, 사회 속에서의 공의에 주리고 목마른 사람이었습니다. 그는 영국 혈의 부유한 집안의 자제로 태어나 케임브리지 대학교에서 수학하였고, 1780년 하원의원이 되었습니다. 그는 큰아버지 집에 머물면서 처음 만났던 〈나 같은 죄인 살리신〉 찬송의 가사를 지어 유명한 뉴톤 목사와 교류하면서 복음주의적 신앙을 가지게 되었습니다. 그는 스물일곱 살 때 노예 폐지를 평

생의 과업으로 삼았습니다. 그리고 20여 년 동안 힘겹게 싸운 결과 1807년 의회에서 노예무역폐지 법안을 통과시킴으로써 그리스도인들이 지켜야 할 사회적 의를 이루었습니다. 후에도 그는 가난한 사람들을 돕고, 사회적 폐습들을 철폐하는 일에 앞장섰습니다. 그가 세상을 떠났던 1833년 영국은 영국령 안에서 노예제를 완전히 폐지하였습니다.

그는 수상이 될 수 있는 기회와 자격이 있었음에도 불구하고 그 길을 포기하고 노예제 폐지를 위해 신경쇠약에 걸릴 정도로 고민하고 수고했습니다. 이해 관계가 얽힌 사람들의 비난과 회유와 협박에 시달리면서도 노예제 폐지를 위해 끝까지 달려갔습니다. 그는 참으로 의에 주리고 목마른 사람이었습니다. 주님께서는 그의 배고픔과 갈증을 해소시켜 주셨으며, 그의 이름은 역사 속에 오래오래 남게 되었습니다. 수상이 되었던 친구 피트의 이름은 사람들이 기억하지 못하고 있지만, 노예제 폐지라는 공의에 주리고 목말랐던 윌버포스의 이름은 지금도 기억하면서 칭송하고 있습니다.

역사는 의에 주리고 목마른 사람에 의해 이루어집니다. 하나님의 크신 뜻은 의에 주리고 목마른 사람에 의해 이루어집니다. 목마른 사람이 샘을 파듯 의에 주리고 목마른 사람은 하나

님을 찾습니다. 바른 세상을 만들고자 열심을 내어 수고합니다. 의에 주리고 목마른 성도가 되시며, 하나님의 은혜로 갈증이 풀리고 하나님의 역사를 이루는 성도님들 되시기를 간절히 바랍니다.

제7장

긍휼히 여기는
사람의 복

긍휼히 여기는 자는 복이 있나니

그들이 긍휼히 여김을 받을 것이요

마태복음, 5장 7절

긍휼의 의미

긍휼(矜恤)이란 한자말로 불쌍히 여길 긍(矜), 구휼할 휼 혹은 동정할 휼(恤)자를 사용합니다. 따라서 한자말의 의미대로 푼다면 불쌍히 여겨 동정하고 구해 주는 것이 긍휼히 여기는 것입니다. 긍휼이 구약의 히브리어로는 '헤세드'인데, 이것은 불쌍하게 여김, 자비를 베풂 등의 의미를 가지고 있습니다. 그래서 구약의 헤세드를 번역할 때 긍휼, 자비, 인자로 번역하고 있습니다. 신약의 헬라어로는 '엘레메모쉬네'인데, 이것은 어려움에 처한 인생을 불쌍히 여겨 도와주고 구해 주는 것을 의미합니다. 단어의 의미로 볼 때 긍휼이란 불쌍히 여기는 마음과 도움의 손길을 펼치는 행동이 합해진 의미를 가지고 있습니다.

우리는 〈누가복음〉 10장에 나오는 선한 사마리아인의 행동을 통해서 긍휼의 의미를 잘 이해할 수 있습니다. 강도를 만나 모든 것을 다 빼앗기고, 폭행을 당해 길에 쓰러져 죽어가고 있는 한 사람을 본 사마리아 사람이 진심으로 그를 불쌍히 여겼습니다. 뿐만 아니라 그는 그 상처 위에 기름을 발라 치료하여 주었고, 자신이 타고 오던 나귀에 실어서 여관으로 데려가 치료와 보호를 받도록 했습니다. 이처럼 어려움과 고통을 당하는 인생을 향하여 불쌍히 여기는 마음을 가지면서 실제적으로 그를 도와주는 행동을 하는 것이 긍휼히 여기는 것입니다.

긍휼히 여기는 마음은 하나님 아버지께서 우리 인생들의 마음속 깊은 곳에 두신 귀하고 아름다운 마음입니다. 맹자님께서는 사람이 사람답게 살 수 있기 위해서는 인(仁)을 가져야 하는데, 그러한 인의 근거가 사단(四端)이라고 했습니다. 그 사단이란 1) 측은지심(惻隱之心) 즉 다른 사람을 불쌍히 여기는 마음이며, 2) 수오지심(羞惡之心) 즉 자신의 옳지 못함을 부끄러워하고 다른 사람의 옳지 못함을 미워하는 마음이며, 3) 사양지심(辭讓之心) 즉 겸손하여 남에게 사양할 줄 아는 마음이며, 4) 시비지심(是非之心) 즉 옳음과 그름을 가릴 줄 아는 마음을 의미합니다. 맹자님께서는 측은지심의 마음을 설명하면서 철없는 한 어린아이가 기어가다 잘못해서 우물에 빠지려고 할 때, 그를 불쌍히 여겨 달려가 구해 내는 마음이라고 했습니다. 이러한 측은지심은 주님께서 말씀하신 바 긍휼히 여기는 마음과 비슷합니다.

은혜와 긍휼의 구분

　　은혜와 긍휼이라는 언어의 의미를 정확하게 구분하는 것은 쉬운 일이 아닙니다. 또한 그렇게 구분을 한다 할지라도 모든 사람이 꼭 그렇게 구분된 의미로 사용한다고 말할 수는 없습니다. 그러나 은혜와 긍휼을 구분하여 사용하는 것이 유익한 면이 있으므로 구분한다면 다음과 같이 말할 수 있습니다. '은혜'란 받을 자격이 없는 인생에게 좋은 것을 공급해 주는 것을 말합니다. 하나님께서 우리에게 예수 그리스도를 통한 구원의 길을 열어 주시는 것, 우리들을 자녀삼아 주시는 것, 우리에게 귀한 사명을 주셔서 보람 있고 아름다운 인생이 되도록 하시는 것 등은 모두 다 '은혜'라고 할 수 있습니다. 우리가 구원받을 자격도 없고 하나님의 자녀가 되어 귀한 사명을 담당할 자격이 없음에도 불구하고 하나님이 우리를 사랑하셔서 그 귀한 것들을 주신 것이 은혜입니다.

　　반면에 '긍휼'이란 불운, 실수, 약점, 허물, 범죄 등으로 인해 벌을 받거나 어려운 처지에 있는 사람의 벌을 면해 주고 어려움에서 벗어나도록 하는 것을 의미합니다. 병에 시달리는 사람을 불쌍히 여기고 고쳐 주는 것은 긍휼히 여기는 것입니다. 죄를 지어 죄의식에 시달리고 죄의 형벌로 고통당하는 사람을 용서하여 주는 것이 긍휼히 여기는 것입니다. 빚에 눌려 생활이 곤고하고 허덕이고 있는 사람에게 그 빚을 탕감해 주는 것이 긍휼히 여기는 것입니다.

최일도 목사님이 이사장으로 일하고 계시는 다일복지재단에서는 '아름다운 변화 프로젝트'를 시행하고 있습니다. 이 프로젝트는 우리가 흔히 언청이라고 부르는 구순구개열(위턱의 성장이 되지 않아 잇몸 뼈의 결손이 일어나는 병으로 입술이 갈라지고 치아가 제 위치에 나지 않음으로 외형적으로 흉한 모습을 띠게 됨) 어린이를 한국에 불러와 수술하여 입과 얼굴의 모습을 정상적으로 만들어 주는 사업입니다. 구순구개열 어린이가 수술을 받은 다음 변화된 자신의 얼굴을 거울에서 보고 또 보며 좋아하는 모습을 영상으로 보면서 눈물이 났습니다.

이 사업이 시작하게 된 배경을 최일도 목사님을 통해서 들었습니다. 최목사님이 필리핀 밥퍼 사업을 둘러보기 위에서 마닐라에 갔습니다. 그리고 마닐라에 있는 한 빈민 지역을 방문했습니다. 그곳에서 한 어린 소녀가 쓰레기더미를 뒤지는 모습을 보았습니다. 그 아이는 가난하여 빈민촌에 살 뿐만 아니라 구순구개열에 걸려 그 얼굴 모습도 흉했습니다. 가난한 나라의 가난한 집에 태어나 외모까지도 흉하여 다른 아이들에게 따돌림당한

110

채 혼자 쓰레기더미를 뒤지고 있는 어린 소녀의 모습을 보면서 최목사님은 말할 수 없이 불쌍한 마음이 들었습니다. 긍휼히 여기는 마음이 들었습니다. 그래서 최목사님이 한국에 돌아와 여러 의사 선생님들과 도울 수 있는 길을 의논하였습니다. 그리하여 그 소녀를 비롯한 몇 명을 초대하여 수술을 해주었습니다. 이일이 다일복지재단의 '아름다운 변화 프로젝트'의 시작이 되었고, 국내외에서 많은 어린이들이 수술을 받아 그 모습을 회복하고 있습니다. 긍휼히 여기는 마음을 주신 주님께 감사하고 영광을 돌립니다. 이처럼 불운이나 실수나 병이나 허물로 인해 어려운 처지에 있는 사람을 불쌍히 여기고, 그 처지에서 벗어나게 하는 것이 긍휼히 여기는 것입니다.

허물과 약점이 있는 인생이 가져야 하는 품성

우리 인생은 모두 약점을 가지고 있습니다. 허물이 있고, 죄가 있고, 연약한 부분이 있습니다. 우리 인생들은 누구를 막론하고 감추고 싶은 것, 부끄러운 것이 있습니다. 이러한 것들을 드러내지 않고 잘 덮어주면 그냥 살 수 있는 것이 인생입니다. 그러므로 우리는 서로가 서로를 긍휼히 여기고 덮어주면서 살

아야 합니다. 이렇게 되면 우리의 허물과 약점이 회복되고, 상처가 아물게 됩니다.

　　그러나 긍휼히 여기지 않고 파헤치면 상처가 더욱 깊어지고, 괴로움이 더욱 커지게 됩니다. 1998년에 나온 〈여고괴담〉 1편에 다음과 같은 장면이 나옵니다. 항상 1등을 하는 학생과 아무리 1등을 따라잡으려고 해도 따라잡지 못하고 2등에 머무는 학생이 서로 싸움을 합니다. 2등 하는 아이가 1등 하는 아이의 약점을 찌릅니다. "너희 엄마 친엄마 아니지" 하고 말합니다. 1등 하는 아이로서는 감추고 싶은 상처와 약점을 찌르자 대꾸를 합니다. "네 머리로는 죽었다 깨도 나를 따라올 수 없어"라고 말을 합니다. 아무리 노력을 해도 따라갈 수 없는 2등 아이의 입장에서는 이 말이 말할 수 없이 큰 상처가 됩니다. 결국 이 아이는 학교에서 스스로 목숨을 끊고, 〈여고괴담〉의 스산한 이야기는 진행됩니다. 이 두 아이들의 싸움은 서로를 긍휼히 여기지 못하는 인생의 모습을 잘 보여주고 있습니다. 우리 모두는 약점과 허물이 있는데, 그것을 긍휼히 여기는 마음으로 감싸 주지 못하면 서로가 서로에게 큰 상처를 주게 됩니다.

　　그러나 긍휼히 여기게 되면 서로의 상처를 감싸 주면서 이 세상은 따뜻해지고 행복해질 수 있습니다. 미국 어느 학교에서 있었던 일입니다. 한 어린 학생이 몹쓸 병에 걸려 투병하는 중

에 머리가 다 빠져 버리고 말았습니다. 민머리가 된 이 소년은 부끄러워 학교를 나오지 못했습니다. 그러자 그 반 아이들이 다 함께 이 친구를 도울 방법을 의논을 했습니다. 그리고 결정하기를 모두 다 머리를 빡빡 깎기로 했습니다. 그 친구가 학교에 왔을 때 반 친구들 모두 머리를 밀어서 민머리가 되어 있었습니다. 이 소년은 친구들의 격려와 사랑에 한없이 큰 위로를 받았으며, 부끄러워하지 않고 기쁜 마음으로 학교에 나올 수 있었습니다.

불완전하고 허물 많은 인생들이 서로를 긍휼히 여기지 않는 것은 상처입어 붕대 감은 사람들이 서로 싸우는 것과 비슷합니다. 상처를 때리면 살짝만 건드려도 아픈 법입니다. 그러나 서로를 긍휼히 여기면 허물이 있는 인생이지만 서로의 약점을 덮어주며 살아갈 수 있습니다. 우리 인생은 누구나 다 허물과 죄와 약점이 있기에 주님께서는 서로를 긍휼히 여기라고 말씀하셨습니다. 이 말씀 기억하면서 긍휼히 여기심으로 이웃의 아픔을 덮어주는 성도님들 되시기 바랍니다.

하나님의 긍휼을 받은 인생

하나님께서 우리를 긍휼히 여기셨습니다. 그러므로 우리

도 이웃을 긍휼히 여겨야 합니다. 우리를 긍휼히 여기시는 하나님께서 우리에게 긍휼을 요구하십니다. 만일 우리가 이웃을 긍휼히 여기지 않으면, 하나님께서도 우리를 긍휼히 여기지 않으실 것입니다. 그러므로 우리는 긍휼의 삶을 살아야 합니다.

〈마태복음〉 18장 21-35절에 나오는 왕의 신하의 비유는 긍휼과 관련해서 우리에게 중요한 진리를 깨닫게 합니다. 한 신하가 왕에게 1만 달란트의 빚을 졌습니다. 1달란트는 로마 화폐 단위로 6천 데나리온에 해당됩니다. 그리고 1데나리온은 당시 노동자 한 사람의 품삯이었습니다. 임금이 비싸지 않았던 고대 사회이기에 노동자의 품삯을 현대의 돈으로 환산하여 1만 원이라고 한다면, 1달란트는 6천만 원이 되고 1만 달란트는 6천억 원에 해당됩니다. 왕은 이 신하에게 그 빚을 갚으라고 종용했습니다. 그러자 신하는 말미를 달라고 간곡히 호소하였고, 그를 긍휼히 여긴 왕은 그 빚을 탕감해 주었습니다. 그런데 왕의 앞을 물러나온 신하가 자기에게 1백 데나리온, 즉 1백만 원 빚진 자를 만나게 되었습니다. 그에게 빚을 갚으라고 하자 그가 말미를 달라고 애원했습니다. 그러나 이 신하는 긍휼을 베풀지 않고 그 사람을 감옥에 넣어 버렸습니다. 이 소식을 왕이 들었습니다. 분노한 왕이 그 신하를 불러서 크게 책망했습니다. "내가 너를 불쌍히 여김과 같이 너도 네 동료를 불쌍히 여김이 마땅하지 아니하냐"라고

말한 다음 그를 감옥에 넣었습니다. 이 신하는 왕으로부터 6천억 원을 탕감받는 큰 은혜를 입었음에도 불구하고 친구가 빚진 돈, 불과 1백만 원을 탕감해 주지 않음으로 인해 감옥에 가고 말았습니다.

그렇습니다. 우리 인생들은 모두 다 하나님으로부터 큰 긍휼히 여김을 받았습니다. 죄에 빠져 멸망할 수밖에 없는 인생이 우리 주님 십자가의 보혈로 인해 구원을 받았습니다. 우리 자신의 허물로 인해 책망받고, 벌을 받아야 할 일이 많음에도 불구하고 하나님께서 우리를 불쌍히 여기시고 용서해 주셨습니다. 하나님이 우리 인생들을 긍휼히 여겨 주시지 않으면 우리는 도저히 살아갈 수가 없을 것입니다. 우리가 지금 이만큼이라도 살고, 지금 이 정도의 체면을 유지하면서 살 수 있는 것은 모두 다 하나님이 우리들을 긍휼히 여겨 주셨기 때문입니다. 그런데 우리가 우리의 이웃을 긍휼히 여겨 주지 않는다고 하면 하나님께서도 우리를 긍휼히 여겨 주지 않으십니다. 그러면 우리 인생은 몰인정한 심판대 앞에 설 수밖에 없습니다. 냉정한 인과 관계가 작용하는 죄와 벌의 논리 속으로 들어가게 됩니다. 그리하여 우리의 죄와 허물로 인해 심판받고, 고통당하고, 망하는 길로 갈 수밖에 없습니다. 하나님의 긍휼하심이 없으면 우리 인생들은 죄를 짓고 벌을 받아 멸망의 길로 가게 됩니다. 우리 이웃

을 긍휼히 여기심으로 우리 자신도 하나님으로부터 긍휼히 여김을 받는 아름다운 은혜의 역사를 체험해야 하겠습니다.

긍휼히 여김을 받는 복

주님께서 말씀하시기를 긍휼히 여기는 사람은 복이 있다고 하셨습니다. 이웃을 긍휼히 여기는 사람은 어떤 복을 받겠습니까? 주님 말씀처럼 긍휼히 여김을 받게 됩니다. 다른 사람을 긍휼히 여기면 하나님께서 우리를 긍휼히 여겨 주십니다. 주님께서 주기도문을 가르쳐 주시면서 "우리가 우리에게 잘못한 사람을 용서하여 준 것같이 우리의 죄를 사하여 주옵소서" 하고 기도하라 하셨습니다. 우리에게 잘못한 사람을 용서하여 준다는 것은 우리 이웃을 긍휼히 여기는 것입니다. 이렇게 할 때 하나님 아버지께 우리의 죄를 사하여 달라고 기도할 수 있습니다. 그리고 하나님께서는 우리의 기도를 들어 주십니다. 우리가 인생의 골짜기에 들어갈 때 하나님이 불쌍히 여기시고 구해 주십니다. 우리가 인생길 가다 보면 언젠가는 사망의 험한 골짜기를 지나게 됩니다. 우리가 늘 다른 사람을 긍휼히 여기면 하나님께서도 우리들을 불쌍히 여기시고 구원해 주십니다.

우리가 다른 사람을 긍휼히 여기면 우리가 인생길에서 어려운 일을 만났을 때 다른 사람이 우리를 긍휼히 여겨 주는 복을 받습니다. 우리는 어린 시절 개미와 비둘기 이야기, 사자와 생쥐 이야기를 읽었습니다. 그 이야기를 여러 측면에서 생각할 수 있겠지만, 긍휼히 여기는 사람은 다른 사람으로부터 긍휼히 여김을 받는다는 의미로 해석할 수 있습니다. 개미가 잘못해서 시냇물에 빠져 떠내려가게 되었습니다. 그대로 가다가는 물에 빠져 죽을 수밖에 없는 큰 환난을 만났습니다. 그때 비둘기가 개미를 긍휼히 여겨 나뭇잎을 하나 물어다가 개미 앞에 떨어뜨려 주었습니다. 그러자 개미가 나뭇잎을 타고 올라와 무사히 목숨을 건졌습니다. 그러던 어느 날 사냥꾼이 비둘기를 발견하고 그를 잡으려고 활을 잡아당기고 있었습니다. 그대로 두면 비둘기는 목숨을 잃게 생겼습니다. 그때에 이 비둘기로부터 도움을 받아 생명을 건진 개미가 사냥꾼의 발을 깨물었습니다. 사냥꾼이 놀라서 "아야" 하고 소리를 지르자 비둘기가 그 소리를 듣고 잽싸게 날아가 목숨을 건질 수가 있었습니다. 비둘기가 물에 떠내려가는 개미를 긍휼히 여김으로 인해 그 자신이 목숨을 잃게 되는 형편에 처했을 때 긍휼히 여김을 받았습니다. 그렇습니다. 긍휼히 여기는 사람은 복이 있어서 그 자신이 어려움과 환난에 처했을 때 다른 사람으로부터 긍휼히 여김을 받게 됩니다.

　사자와 생쥐 이야기도 비슷합니다. 잠자는 사자 앞에서 생쥐가 장난을 치다가 붙잡혔습니다. 그러나 사자는 생쥐를 긍휼히 여겨 살려 주었습니다. 그러다가 사자가 사냥꾼의 그물에 걸려 붙잡히게 되었습니다. 그러자 사자의 긍휼함을 받은 생쥐가 자기 친구들을 데리고 와서 그물을 깨물어 끊음으로 사자가 목숨을 구할 수 있게 되었습니다. 긍휼을 베풀게 되면 자신이 어려움을 당할 때 긍휼함을 받게 됩니다.

　우리가 다른 사람을 긍휼히 여기면 우리의 자녀들이 긍휼히 여김을 받게 됩니다. 우리가 환난 가운데 있는 이웃들을 긍휼히 여기면 우리 자신이 긍휼히 여김을 받을 뿐 아니라 우리의 자녀도 긍휼히 여김을 받게 됩니다. 우리가 인생길 가면서 나 자신은 조심하여 잘 살아 간다면 인생의 험한 골짜기에 빠지지 않을 수 있을지 모릅니다. 혹 이런 사람이 있다 해도 자기의 자식은 어떻게 될지 알 수가 없습니다. 이 세상에 자식을 놓고는 그 누구도 장담할 수 없습니다. 그러므로 우리의 자녀들이 인생길 가면서 혹 허물과 죄와 불운으로 인해 환난 가운데 빠졌을 때 누구에겐가 긍휼히 여김을 받을 수 있기를 기도해야 합니다. 이 일이 어떻게 가능하겠습니까? 우리가 긍휼히 여기는 마음을 가지고 살아갈 때 우리의 자녀가 환난 가운데서 긍휼히 여김을 받

을 수 있습니다.

    제가 어렸을 때의 경험입니다. 중학생 또래의 동네 형이 라디오를 훔치다가 주인 아저씨에게 붙잡혔습니다. 60년대 가난하던 시절 라디오를 훔친 것은 큰 재산을 훔친 것이었습니다. 이것은 큰 죄였습니다. 주인 아저씨는 화가 나서 소리를 치셨습니다. "이 놈의 자식 경찰서에 가자. 네 못된 짓을 학교에 알려서 당장에 퇴학시켜 버리겠다"고 소리를 치시며 손바닥으로 뺨을 때렸습니다. 이렇게 한참 승강이를 벌이고 있을 때 그 형의 어머니가 달려왔습니다. 그리고 두 손을 싹싹 빌면서 용서를 구했습니다. 그리고 하는 말이 "선생님도 자식을 키우지 않습니까? 무슨 일이 있을지 어떻게 압니까? 한 번만 용서해 주세요" 하면서 울며 비는 것이었습니다. 그러자 그 아저씨는 슬며시 눈길을 돌리면서 용서해 주시고 들어가셨습니다. 그 장면이 너무나도 인상적이어서 40년의 세월이 지난 지금까지도 기억이 납니다. 그러나 그 당시는 그 어머니의 말을 이해하지 못했습니다. 그러나 이제 나이가 들어 자식을 길러 보니 그 말이 무슨 뜻인지 이해가 갑니다. 그 어머니의 말을 풀어서 표현하면 다음과 같습니다. "선생님도 자식을 키우지 않습니까? 우리 자식들이 어디 가서 무슨 일을 당할지 아무도 알지 못하는 것이 아닙니까? 선생님 자식도 혹 잘못하여 이런 일을 당할 수 있는 것이 아닙니까? 선생님이 만일 우리 자식을 긍휼히 여기시고 용서해 주신다면 선생님의 자식도 같은 처지를 당했을 때 용서받지 않겠습니까? 선생님의 자식을 생각해서 내 자식을 용서해 주십시오"라고 간청한 것이었습니다. 나이 들어 자식을 키워 보니 저는 똑똑한 척하지만 아비의 눈으로 볼 때는 어리숙하기 짝이 없습니다. 모자라고 허물이 많습니다. 그런 자식이 어디 가서 무슨 일을 당할지 알 수가 없습니다. 그러나 우리가 우리 이웃을 긍휼히 여기면, 우리의 자식이 혹 잘못하여 환난을 당한다 할지라도 긍휼히 여김을 받을 것입니다. 이것이 주님께서 약속하신 긍휼히 여기는 자가 받는 복입니다.

하나님께 귀하게 쓰임받는 복

아버지께서는 긍휼히 여기는 마음을 가진 사람을 아름답고 귀하게 사용하십니다. 역사 속에서 위대한 업적을 남긴 사람들은 모두 다 병들고, 고통당하고, 환난당하고, 굶주리고 암흑 속에 있는 사람들을 긍휼히 여긴 사람들이었습니다. 우리나라에서 가장 위대한 인물을 꼽으라면 세종대왕을 듭니다. 세종대왕의 여러 업적 가운데서 한글을 창제하신 것이 가장 큰 업적입니

다. 대왕께서 이렇게 큰 업적을 남기실 수 있었던 것은 백성들을 긍휼히 여기는 마음을 가지고 계셨기 때문이었습니다. 1446년 세종대왕은 훈민정음을 만듭니다. 그리고 그 반포의 뜻을 훈민정음 어지(御旨)라고 하여 임금의 생각을 밝히고 있습니다. 현대어 번역으로 하면 이렇게 되어 있습니다. "나라의 말이 중국과 달라 그 문자가 서로 통하지 아니하므로 어리석은 백성이 말하고자 하는 바가 있어도 마침내 그 뜻을 능히 펴지 못하는 자가 많다. 내 이를 불쌍히 여겨 새로 스물여덟 자를 만들어 사람마다 쉽게 익혀 일상 생활에서 편리하게 쓰도록 하노라." 세종대왕이 한글과 법령, 과학적인 도구들을 많이 만든 핵심적인 이유에는 백성을 긍휼히 여기는 마음이 있었습니다. 백성들이 어떻게 하면 자신의 뜻을 알 수 있을까? 백성들이 어떻게 하면 편안하게 살 수 있을까? 이처럼 백성을 긍휼히 여기며 봉사하는 확고한 원칙을 지녔던 지도자가 세종대왕이었습니다. 그래서 세종대왕은 가장 위대한 임금이 될 수 있었습니다. 하나님은 긍휼히 여기는 마음을 가진 사람을 들어서 크고 귀하게 사용하십니다.

그러나 긍휼히 여기는 마음을 가지지 못하는 사람은 하나님께서 귀하게 사용될 수 있는 기회를 주시지 않습니다. 미국에서 있었던 일입니다. 고등학교를 최우등으로 졸업한 한 교포의

아들이 하버드 의과대학에 지원하였는데 불합격하였습니다. 자식 교육에 목숨을 거는 한국 어머니가 그 학교에 가서 전 과목 모두 A를 받은 아들이 왜 떨어졌느냐고 항의를 했습니다. 그랬더니 그 학교 당국에서는 "당신 아들의 고등학교 성적은 미국에서 최고입니다. 성적만으로는 당연히 합격입니다. 그러나 고등학교 다니는 3년 동안 한번도 헌혈을 한 적이 없습니다. 의사가 되겠다는 사람이 남을 도우려는 마음이 없이 지식만 가지고 의사가 되면 어떻게 합니까? 그래서 우리는 불합격시켰습니다"라고 대답했습니다. 미국에서 의과대학에 들어가 의사가 되려면 다른 사람을 긍휼히 여길 줄 알아야 합니다. 하물며 하나님의 나라를 만들어 가는 하나님의 사람으로 쓰임받기 위해서는 긍휼히 여기는 마음을 가져야 하지 않겠습니까? 긍휼히 여기는 마음을 가지심으로 하나님의 일에 귀하게 쓰임받는 복을 누리는 성도님들 되시기를 바랍니다.

제8장

마음이 청결한 사람의 복

마음이 청결한 자는 복이 있나니

그들이 하나님을 볼 것임이요

마태복음, 5장 8절

 도시에서만 살아온 어린아이에게 하늘에 별이 몇 개쯤 되느냐고 물어보았습니다. 그러자 한 100개쯤 되는 것 같다고 대답을 했습니다. 이 대답이 틀린 것 같지는 않습니다.

도시화 산업화가 진행되면서 공기가 많이 탁해졌습니다. 또한 대도시에는 밤에도 불빛이 환합니다. 그래서 하늘을 보아도 별이 잘 보이지 않습니다. 1등성, 2등성 밝은 별만 드문드문 보일 뿐입니다. 아무리 하늘에 많은 별들이 있다 해도 공기가 흐리면 별이 보이지 않습니다. 땅 위의 불빛에 눈이 부시면 별이 보이지 않습니다. 이와 마찬가지로 하나님의 크고 놀라운 임재하심이 온 세상을 가득 채우고 있어도 마음이 맑고 깨끗하지 못하면 하나님을 보지 못합니다. 그러나 마음이 청결한 사람은 복이 있어서 하나님을 보게 됩니다.

마음과 동기를 소중히 여기시는 주님

마음이 청결한 사람은 복이 있다는 주님의 말씀을 통해

마음과 동기를 소중히 여기시는 주님의 뜻을 깨닫게 됩니다. 주님께서 외식하는 유대인들을 책망하는 모습을 복음서 곳곳에서 찾아볼 수 있습니다. 유대인들은 외출을 하고 난 다음 집에 돌아와서는 손을 씻는 일에 온 정성을 다 기울였습니다. 그들은 정결 예식이 하나님 앞에서의 바른 경건을 이루는 데 가장 중요한 요소라고 생각했습니다. 그래서 주님의 제자들이 손을 제대로 씻지 않고 음식을 먹는 것을 보았을 때 비난의 어투로 주님께 질문했습니다. 그러자 주님께서 "무엇이든지 밖에서 사람에게로 들어가는 것이 사람을 더럽게 하지 못하되 사람 안에서 나오는 것 즉 음란, 도둑질, 살인, 간음, 탐욕, 속임, 질투, 비방, 교만, 우매함 등이 사람을 더럽게 한다"(〈마가복음〉 7장 15-16절, 21-22절)고 말씀하셨습니다.

또한 겉으로 어떤 행동이 나타나기 이전에 마음이 어떤 상태에 있는가를 매우 중요하게 여기셨습니다. 그래서 주님께서는 "여인을 보고 음욕을 품으면 벌써 간음한 것이다"(〈마태복음〉 5장 28절) "미워하는 마음을 품으면 이미 살인한 것이나 마찬가지이다"(5장 22절)라고 말씀하셨습니다. 그렇습니다. 똑같은 행동이라도 마음의 동기가 중요합니다. 어떤 사람이 매를 들고 어린아이를 때리는 똑같은 행동을 한다 할지라도 그 부모가 사랑의 매를 들고 때리는 것과 악한 사람이 그 아이를 해치려고 때

126

리는 것과는 전혀 다른 의미를 가집니다. 겉으로 드러난 모습은 비슷하게 보일지 모르지만 그 마음속의 생각과 동기가 전혀 다르기 때문입니다. 이처럼 주님께서 마음과 동기를 중요하게 여기시면서 하신 말씀이 8복 가운데 여섯번째 복, 즉 마음이 청결한 사람의 복에 대한 말씀입니다.

청결한 마음의 의미

청결한 마음이란 불순물이 제거된 순전한 마음을 의미합니다. 성경 언어에 능통한 버클레이 박사에 따르면, 청결하다는 의미의 헬라어 '카타로스'의 용법은 다음과 같습니다. 카타로스, 즉 청결하다는 말은 세탁하여 때가 없는 깨끗한 옷, 쭉정이가 제거된 알곡, 이물질이 섞이지 않은 우유나 포도주, 정예 군인만 모인 군대 등을 지칭할 때 사용하였습니다.

따라서 청결한 마음이란 세탁하여 때가 없는 의복과 같이 더러운 때가 묻지 않은 마음을 의미합니다. 더러운 때란 욕심이나 죄악, 교만과 같은 것들을 의미합니다. 이러한 때가 묻으면 하나님께서는 당신의 자취를 감추어 버리십니다. 하나님께서 떠나가 버리십니다. 〈에스겔〉10장 18절 말씀을 보면, 하나님의

영광이 예루살렘 성전을 떠나는 모습이 나타납니다. 이스라엘 백성들이 죄악과 우상 숭배에 빠지게 되자 하나님의 영광이 성전을 떠나게 됩니다. 마음이 청결하지 못하면 더 이상 거룩하신 여호와 하나님의 영광을 볼 수 없게 됩니다.

청결한 마음은 쭉정이가 제거된 알곡과 같은 마음, 군인으로서의 바른 자세와 훈련이 되지 못한 사람들을 제한 정예 군인과 같은 마음을 의미합니다. 즉 헛된 것, 쓸데없는 것, 어지러운 것들이 제거된 순결한 마음이 청결한 마음입니다. 우리는 세상의 욕심과 세상의 즐거움에 빠져 있습니다. 매일같이 세상의 어지러운 소리를 듣고 있으며, 세상일에 너무 바쁘고 지쳐 있습니다. 이런 상태가 되면 우리의 마음은 청결할 수 없습니다. 헛된 것들, 어지러운 것들로 가득 찬 마음으로는 하나님의 음성을 들을 수도 없고, 하나님의 거룩한 영광을 볼 수도 없습니다. 하나님을 볼 수 있는 청결한 마음을 가지려면 우리 마음속의 쭉정이를 깨끗이 제거해야 합니다.

청결한 마음은 이물질이 섞이지 않은 순수한 우유나 포도주와 같습니다. 따라서 청결한 마음이란 이질적인 것, 함께할 수 없는 것이 제거된 마음을 의미합니다. 하나님을 사랑하고 우리 주님 예수 그리스도를 주인으로 모신 우리 성도들의 마음 가운데는 영적으로 이질적인 것이 들어와서는 안 됩니다. 명상,

마인드컨트롤, 뉴에이지, 점, 무속 종교 같은 것들 속에는 거룩하신 하나님과 공존할 수 없는 이질적이고 불결한 요소들이 들어 있습니다. 또한 학문이나 예술 가운데서도 거룩하신 하나님과는 공존할 수 없는 이질적인 요소들을 담고 있는 것들이 있습니다. 예를 든다면 유물론적 세계관이나 극단적 환원론(생물학적 환원론 혹은 심리학적 환원론 등) 등에는 거룩하신 하나님의 영광을 가리거나 부인하는 이질적인 요소들이 들어 있습니다. 그러므로 이러한 세계관이나 관행들에 빠지면 마음이 어지러워지고, 거룩하신 하나님을 보지 못하게 됩니다.

제가 알고 있는 교수님 가운데 한 분은 의상학을 전공하신 분인데 신실한 그리스도인이었습니다. 전통복식에 대한 프로젝트를 받아서 연구를 하는데 그분이 맡은 분야가 무당 옷에 대한 연구였습니다. 그 연구를 완성하기 위해서 늘 무당 옷을 살펴보았습니다. 무당이 굿하는 것을 보기도 했고, 무당을 만나기도 했습니다. 믿음의 행위가 아닌 연구를 위해서 한 일이었지만 무당을 많이 만나고 무당의 옷과 무당의 굿을 자주 접하다 보니 영적으로 좋지가 않았습니다. 믿음 생활에도 손해였습니다. 그래서 그 연구를 빨리 마치고 다시는 무당 옷에 대해서는 더 이상 관심을 기울이지 않기로 결심했습니다.

청결한 마음이란 목표와 동기가 단순한 마음을 의미합니다. 주님을 섬기는 데 있어서 단순하게 하나님의 영광만을 생각하는 마음을 말합니다. 어떤 사람은 하나님을 섬긴다고 하면서 하나님의 이름을 자기 이익을 위해 이용하는 사람이 있습니다. 가끔 보면 어느 교회 집사, 권사, 장로라는 이름을 가지고 찾아와서 하나님의 뜻에 대해서 이야기하고, 어느 교회 어느 목사님을 한참 이야기하다가 나중에는 자신의 이권과 관련된 요청을 하는 분이 있습니다. 이런 분은 하나님을 믿는 동기가 복잡한 사람이며, 마음이 청결한 사람이라고 할 수 없습니다.

마음이 청결한 사람은 이웃을 사랑하거나 봉사하는 데 있어서 자신의 이익이나 명예를 생각하지 않는 사람입니다. 주님은 왼손이 하는 일을 오른손이 모르게 하라고 하였습니다. 그런데 어떤 분들은 자기가 한 약간의 선한 일을 요란하게 떠벌리면서 시끄럽게 하는 사람이 있습니다. 순수한 사랑과 감사의 표현이 아니라 이기적인 목적을 숨기고서 어떤 일을 하는 사람이 있습니다. 이런 분들은 모두 다 목표와 동기가 단순하지 않은 사람입니다. 주님의 영광과 주님의 사랑만이 목표가 아닌 다른 목표를 가진 사람입니다. 이런 분들은 마음이 깨끗하지 못한 사람이며, 그 결과 하나님을 볼 수 없습니다.

청결한 마음을 가지는 길

어떻게 해야 청결한 마음을 가질 수 있을까요? 청결한 마음을 가지려면 우리 마음속에 있는 목표와 동기의 불순한 요소를 자꾸 제거해야 합니다. 청결한 마음을 가지는 것은 집안 청소를 하는 것과 비슷합니다. 우리들이 집안에서 생활을 하다 보면 쓰레기가 자꾸 나오게 됩니다. 음식물 쓰레기나 여러 가지 버릴 것들이 나오게 됩니다. 세월이 흐르면 쓸데없는 것 불필요하게 자리만 차지하는 것이 나오게 됩니다. 뿐만 아니라 사람이 오가다 보면 먼지가 쌓이게 됩니다. 그러므로 우리는 집 안에서도 쓰레기나 쓸모없는 것들을 자꾸 버리고 먼지를 닦아 주어야 집 안을 깨끗하게 유지할 수 있습니다.

이와 마찬가지로 우리들이 다른 사람과 관계를 맺으면서 살다 보면 마음속에 여러 가지 헛된 마음, 악한 마음, 욕심 등이 일어나게 되는데 이것을 자꾸 비워내야 합니다. 잡초를 뽑듯이, 쓰레기를 버리듯이 비워내야 합니다. 그래야 청결한 마음을 가질 수 있습니다. 이때 할 수 있는 한 빨리 버려야 합니다. 우리 마음속에서 생겨난 여러 가지 악하고 어지러운 생각과 욕망들은 식물처럼 생명력이 있습니다. 빨리 버리지 않으면 그것이 우

131

리 심령 가운데 자리를 잡고 뿌리를 깊이 내리게 됩니다. 그러면 그것들을 뽑아내기가 더 어려워집니다. 어지럽고 악한 것들이 우리 심령 깊이 뿌리내리고 크게 가지를 치게 되면 우리네 인생은 결국 파괴되어 버립니다.

이러한 사실을 생텍쥐페리는 그의 작품 《어린 왕자》에서 잘 표현했습니다. 어느 작은 별에 살던 사람이 게을러서 바오밥 나무의 씨가 떨어져 싹이 났을 때 그것을 제때제때 뽑지 않았습니다. 그 결과 바오밥 나무는 엄청나게 자라났고, 그 작은 별을 완전히 뒤덮어 버렸습니다. 결국 그 작은 별에 살던 사람은 그 별에서 더 이상 살 수 없게 되었습니다. 그렇습니다. 어린 왕자의 바오밥나무 이야기처럼 우리의 마음속에서 일어나는 헛된 욕망과 악한 생각들을 일찍일찍 뽑아 버려야 합니다. 그래야 우리의 심령이 깨끗해지고, 우리의 삶이 거룩해질 수 있습니다.

청결한 마음을 가지려면 우리는 또한 하나님 앞에서 정직해야 합니다. 우리는 때때로 내 마음속에서 일어나는 생각과 욕망이 쓰레기인지, 먼지인지, 버려야 할 것인지를 구분하지 못하는 경우가 있습니다. 그래서 버려야 할 것들을 버리지 못하고, 마음속 깊이 간직하고 있는 경우가 있습니다. 심한 경우 주변의 다른 사람들은 내 마음속에서 일어나는 욕망과 생각이 악하고

쓸데없는 것임을 잘 알고 있는데, 자기 자신은 그것을 모르는 경우가 있습니다. 이런 경우 다른 사람이 말을 하기가 참 어렵습니다. 요즈음 사람들은 어른이나 아이나 모두 다 자존심이 강합니다. 다른 사람으로부터 어떤 소리도 들으려고 하지 않습니다. 심지어는 부모가 자식에게 말을 해도 잘 들으려 하지 않습니다. 자신이 잘못한 줄 뻔히 알면서도 "알았어. 알았어. 듣기 싫어" 하면서 자신의 잘못을 인정하지 않으려고 합니다. 하물며 다른 사람이 그의 생각과 동기의 잘못된 것을 지적하면 기분 나빠 하고 자칫 관계가 서먹서먹해지기 쉽습니다. 마음이 좁고 악한 사람은 자신의 속에 있는 좋지 않은 모습을 다른 사람이 알았다는 사실을 감추기 위해서 거짓말을 하고, 자신에게 선한 충고를 해준 사람을 모함하는 등 악을 부리기도 합니다.

우리들이 가진 헛된 자존심은 다른 사람의 선한 충고를 멀리하게 합니다. 그리하여 우리 속에 온갖 악하고 어지러운 것들이 가득하여도 그것을 깨끗이 치우지 못합니다. 그러므로 우리 성도들은 주님 앞에서 정직해야 합니다. 주님은 우리의 심령 깊은 곳까지 보시는 분입니다. 우리의 어지럽고 악한 생각까지도 이해하시고 불쌍히 여기시며, 우리가 돌이켜 회개할 때 언제나 용서해 주십니다. 그러므로 우리는 자신의 마음의 동기를 주님께 자꾸 여쭈어 보아야 합니다.

　"나에게 왜 이런 생각이 자꾸 떠오릅니까? 내가 왜 이런 말을 하며, 내가 왜 이런 행동을 합니까?" 하고 자꾸 여쭈어 보아야 합니다. 이렇게 할 때 우리 자신의 허물과 죄악, 이기심, 체면, 헛된 자존심 등 여러 가지가 떠오르게 됩니다. 그러면 주님 앞에서 그 모든 것들을 내려놓을 수 있습니다. 주님은 우리의 모든 것을 아시고, 우리를 불쌍히 여기십니다. 그리고 우리를 받아 주십니다. 그러므로 주님 앞에서는 모든 것을 다 내려놓을 수 있으며, 그때에 우리는 청결한 마음을 가질 수 있습니다.

　우리의 심령이 깨끗해지려면 은혜를 충만하게 받아야 합니다. 우리 속에 있는 더럽고 추한 것들을 은혜의 물로 씻어내야 합니다. 우리는 설거지를 할 때 이런 경험을 합니다. 음식을 막 먹은 그릇을 설거지하는 것은 비교적 쉽습니다. 음식물 찌꺼기가 물에 잘 씻깁니다. 그러나 시간이 오래 지나게 되면 음식물 찌꺼기가 그릇에 말라붙어 여간해서는 잘 닦아지지 않습니다. 이때 어떻게 해야 합니까? 물속에 한참 담가둡니다. 그리하여 그릇에 붙은 찌꺼기가 물에 불었을 때 그릇을 닦으면 쉽게 떨어집니다. 우리의 심령을 깨끗이 하는 것도 이와 같습니다. 세월이 오래된 더러운 찌꺼기들은 쉽게 씻어지지 않습니다. 이것들을 씻어내려면 영적으로 은혜를 자꾸 받아야 합니다. 말씀을

자주 듣고, 늘 주님을 묵상해야 합니다. 주님의 은혜가 임하게 되면 오래된 헛되고 악한 욕망과 생각들이 통통 불게 됩니다. 그리고 주님의 사랑의 손길이 닿을 때에 그것들은 떨어져 나가고, 우리는 깨끗한 심령을 가질 수 있습니다.

우리 심령 속에 악하고 어지러운 것들이 더 오래되어 딱딱하게 굳어져 버리고, 심령 속에 너무 깊이 뿌리내려 떼어낼 수 없는 것이 있습니다. 이때에는 성령의 불길이 임해야 합니다. 이것은 철광석을 제련하는 것과 같습니다. 철광석은 철과 돌, 그 외의 다른 불순물들이 하나의 덩어리를 이루고 있습니다. 이 가운데서 철을 뽑으려면 철광석을 용광로에 넣은 다음 뜨겁게 열을 가해야 합니다. 그러면 그 안에 있던 돌덩어리가 녹아 버립니다. 철과 다른 돌이 분리됩니다. 무거운 철은 밑으로 가라앉고 불순물은 위로 뜨게 됩니다. 그러면 순수한 철 성분만을 뽑아서 철근이나 철판 등을 만들 수 있습니다. 우리 마음속에 악하고 어지러운 것들이 너무나도 깊이 뿌리박고 있으면 성령의 불로 이글이글 끓여야 합니다. 그러면 헛된 생각, 오래된 악습, 깊은 쓴 뿌리 등이 분리되어 떨어져 나오면서 우리의 심령이 깨끗해집니다.

어느 조그마한 시골 교회에 완악한 성도님이 한 분 있었

135

습니다. 그분은 땅도 있고, 수퍼마켓도 운영하면서 경제적으로 넉넉한 생활을 했습니다. 그 교회에서 헌금도 가장 많이 했습니다. 그런데 그분은 교회를 자기 마음대로 주물렀습니다. 교역자에게도 함부로 했습니다. 그분 때문에 교회의 분위기는 어둡고, 교역자의 목회도 힘들었습니다. 그러던 어느 날 성령님께서 강하게 역사하시면서 책망하셨습니다. 그 역사와 책망이 얼마나 큰지 가슴이 뜨겁고 고통스러워서 견딜 수가 없었습니다. 무슨 큰 병이라도 생긴 것 같아서 의사를 찾아가 보였지만 "아무 이상이 없다"고 하면서 "좀 쉬시라"고만 했습니다. 여러 날을 고생하다가 급작스럽게 회개의 역사가 일어났습니다. 자신이 행했던 모든 죄를 낱낱이 고했습니다. 그러자 마음이 평안해지고, 육신의 아픔도 사라졌습니다. 세상이 새롭게 보이고, 하나님의 손길을 새롭게 느낄 수 있었습니다. 주님께서 이 성도님을 사랑하셔서 성령의 불로 그 심령 속에 있는 악하고 어지러운 것들을 태워 버리신 것입니다.

독일의 신학자요, 사회운동가인 본회퍼는 말했습니다. "마음이 청결한 자는 누구인가? 오직 자기 마음을 완전히 예수에게 맡기고, 그가 홀로 마음을 지배하게 하는 자이다"라고 했습니다. 그렇습니다. 우리가 우리 주님 예수 그리스도에게 집중할 때 우리의 마음이 청결해질 수 있습니다. 그분의 말씀, 그분의

136

마음, 그분의 뜻에 집중하고 순종할 때 우리의 마음이 청결해집니다. 주님을 바라보심으로 청결한 마음 가지는 성도님들 되시기 바랍니다.

마음이 청결한 사람이 누리는 복

주님께서는 마음이 청결한 사람은 복이 있다고 하셨는데 어떤 복이 있을까요? 마음이 청결한 사람은 하나님을 보는 복을 누리게 됩니다. 일전에 우리 아들이 헐레벌떡 뛰어와서 하는 말이 가수 아무개씨를 보았다고 자랑을 한 적이 있습니다. 저도 돌아가신 김대중 대통령을 가까이에서 뵌 적이 있는데, 그 이야기를 자랑스럽게 말한 적이 몇 번 있었습니다. 대통령이나 유명한 정치인, 연예인, 운동선수를 보는 것도 자랑스러운 일인데, 하물며 하나님을 뵙는 것은 얼마나 영광스러운 일이며 기쁜 일이 되겠습니까? 하나님을 뵙는 것이 기쁘고 좋은 일이 되는 이유가 무엇이겠습니까? 우리가 하나님을 뵐 때 그분의 영광을 느낄 수 있다는 것이 일차적으로 좋은 일이 될 것입니다. 그러나 하나님을 뵈면 하나님의 영광을 느끼는 것 이상의 복된 일이 있습니다. 우리가 하나님을 뵈면 하나님의 계심을 확신하게

되면서 우리의 믿음이 견고하게 됩니다. 그리하여 하나님의 사랑과 은혜에 대해서 확신을 가지며 살아갈 수 있습니다. 무엇보다도 하나님께서 우리에게 주신 수많은 약속들, 저 위대한 천국의 약속을 믿고 소망하며 살 수 있습니다.

하나님을 뵙는다는 것은 하나님이 가까이 계심을 늘 느끼며 살아가는 것이기에 참으로 복된 일입니다. 하나님을 뵙지 못한다는 것은 하나님을 가까이 느끼지 못하는 것입니다. 이것은 성도들에게 있어서 가장 불행하고 서글픈 일입니다. 공자님께서도 말년에 이런 말씀을 하셨습니다. "내가 심히 노쇠하였구나. 오랫동안 나는 주공을 다시 꿈속에서 보지 못하고 있으니(甚矣 吾衰也! 久矣 吾不復 夢見周公)"라고 탄식하셨습니다.

주공은 주나라 문왕의 넷째아들이고, 무왕의 동생이면서 제후였습니다. 그는 신실하게 자신의 형님인 무왕을 지혜롭게 섬겼습니다. 형 무왕이 죽은 후 조카 성왕이 왕위에 오른 후에도 조카를 지극 정성으로 모시면서 나라의 기반을 튼튼히 했습니다. 주공은 지혜롭고 임금을 잘 섬기며 백성들을 평안케 한 인물로 크게 추앙을 받았습니다. 후대의 공자님께서도 주공을 늘 사모했습니다. 그래서 그분을 꿈에 보는 것만 해도 기뻐했습니다. 그런데 요즈음 들어서는 주공을 꿈에서도 도시 볼 수 없으니 그렇게 섭섭하다는 의미입니다. 공자님께서는 자신이 존경하

는 주공을 꿈에라도 보기를 소원하셨는데, 하물며 영원하신 아버지 하나님을 뵈옵는 것은 얼마나 영광스러운 일이겠습니까? 마음이 청결하여 하나님을 뵈옵는 복을 받으시기 바랍니다.

하나님을 보는 눈

마음이 청결한 사람은 하나님을 본다고 하였는데 어떻게 하나님을 볼 수 있을까요? 우리의 두 눈을 가지고 하나님의 영광스러운 광채를 볼 수 있다는 말일까요? 물론 그럴 수도 있을 것입니다. 〈민수기〉 12장 8절 말씀을 보면 "여호와께서 모세와 대면하셨고 모세는 여호와의 형상을 보았다"고 하셨습니다. 또한 아브라함은 사람의 몸을 입고 나타나셔서 소돔과 고모라 땅의 멸망을 말씀하신 여호와 하나님을 보았습니다(〈창세기〉 18장 17절). 모세처럼 여호와 하나님의 형상을 직접 보지 못한다 할지라도 환상중에, 혹은 신비한 체험을 통해서 하나님의 영광을 보고 하나님의 음성을 들은 분들이 적지않게 있습니다. 이렇게 우리 육신의 눈이나 귀로 하나님을 보고 하나님의 음성을 듣는 것은 좋은 일이지만, 그것은 예외적인 일이기도 합니다.

하나님께서 자신을 우리에게 보여주시는 방법에는 두 가

지가 있습니다. 하나는 아브라함, 모세, 이사야, 바울 등과 같은 인물이 경험한 것처럼 우리의 시각을 통해서 하나님의 영광과 임재를 볼 수 있도록 하십니다. 이렇게 보는 것을 헬라어로는 '브레포'라고 합니다. 그리고 다른 하나의 방법은 우리의 영혼과 마음을 움직이심으로 하나님이 우리 곁에 임재하시며 우리의 삶을 이끌어 가신다는 것을 느끼고 보도록 하십니다. 이렇게 보는 것을 헬라어로 '호레오'라고 합니다.

바람이 세차게 불 때 우리의 눈은 바람을 보지는(브레포) 못합니다. 그러나 나뭇가지가 흔들리고 내 몸에 찬 기운이 들어오는 것을 통해서 바람이 불고 있다는 것을 볼 수(호레오) 있습니다. 한자어에서는 이것을 시(視)와 견(見)으로 구분합니다. 우리 육신의 눈으로 보는 것을 시(視)라 하고, 우리의 마음과 내면의 눈으로 보는 것을 견(見)이라고 합니다. 똑같은 논리로 우리 육신의 귀로 듣는 것을 청(聽)이라 하고, 우리 마음과 내면의 귀로 듣는 것을 문(聞)이라고 합니다. 그래서 육신의 눈과 귀로 TV를 보는 것을 시청(視聽)한다고 합니다. 그리고 세상을 둘러보며 마음의 눈과 귀로 보고 들을 때 견문(見聞)을 넓힌다고 말합니다. 육신의 눈으로 보는 것도 중요하지만, 더 중요한 것은 우리의 마음과 영혼으로 보는 것입니다.

주님께서 마음이 청결한 사람이 하나님을 본다고 할 때, 그 의미는 영혼과 마음으로 본다(호레오)는 의미입니다. 진정 마음이 청결한 사람은 자신의 삶 속에서 움직이시는 하나님의 모습과 손길을 볼 수 있습니다. 이 세상을 가득 채운 하나님의 영광과 위대함을 볼 수 있습니다. 우주인으로 달을 산책하고 돌아온 제임스 어윈(James B. Irwin) 대령이 어느 대학에서 달나라 탐험에 대한 강연을 했습니다. 그때 어떤 학생이 질문했습니다. "소련의 우주인들은 달에 다녀와서 하는 말이 하늘을 아무리 살펴봐도 하나님이 안 보인다고 했는데, 당신은 우주에서 하나님의 영광을 보고 하나님을 찬양했다 하니 어떻게 하나님을 볼 수 있었습니까?" 그러자 어윈 대령은 우리가 묵상하고 있는 이 말씀을 가지고서 "마음이 청결한 자는 복이 있어서 하나님을 볼 수 있습니다"라고 대답했습니다. 소련의 우주인들은 이 아름답고 생명이 넘치는 지구를 육신의 눈으로는 보았지만 심령의 눈은 어두운 가운데 있었습니다. 그래서 그 아름답고 생명이 넘치는 지구를 만드신 하나님을 보지는 못했습니다. 그러나 믿음의 눈을 가진 어윈 대령은 심령의 눈을 가지고 이 아름답고 생명이 넘치는 지구를 통해서 창조주 하나님을 보았습니다.

　　천문학의 이론과 지식을 풍성하게 간직하고 있는 천문학

자는 하늘을 볼 때, 별의 움직임과 크기와 별자리가 보입니다.
그러나 그런 지식을 가지지 못한 사람은 반짝이는 별의 겉모습
만 일부 볼 수 있을 뿐 더 이상 보지 못합니다. 외국어에 능숙한
사람은 빠르게 지나가는 외국어를 듣고 그 의미를 깨닫습니다.
그러나 외국어를 알지 못하는 사람은 귀에 무슨 소리가 들리기
는 하지만 그것이 무슨 의미인지 도시 알지 못합니다. 마찬가지
로 마음이 깨끗하여 불순물이 없으면 하나님이 보입니다. 하나
님의 임재하심과 사랑과 움직이시는 손길이 보입니다. 하나님
의 깊은 경륜과 뜻이 보입니다. 마음이 청결하여 하나님을 보고
느끼고 기뻐하며 살아가는 복을 누리시기를 간절히 바랍니다.

제9장

화평케 하는 사람의 복

화평하게 하는 자는 복이 있나니

그들이 하나님의 아들이라 일컬음을 받을 것임이요

마태복음, 5장 9절

화평의 의미

화평은 히브리어로는 '샬롬'이며, 헬라어로는 '에이레네'입니다. 히브리어 '샬롬'은 이스라엘의 인사말입니다. 그래서 주님께서도 복음을 전하러 가는 제자들에게 어느 집에 들어가면 "평안하기를 빌라"고 말씀하셨습니다(〈마태복음〉 10장 12절). 이렇게 평안함을 빌 때 "그 집이 이에 합당하면 너희가 빈 평안이 거기 임할 것이요, 합당하지 않으면 그 평안이 너희에게 돌아올 것이라"(10장 13절)고 말씀하셨습니다. 우리 성도님들은 어느 집에 들어가든지 먼저 기도를 합니다. 이렇게 기도하는 것은 먼저 평안하기를 빌라는 주님의 말씀을 따르는 것입니다. 이 때에 우리는 여러 가지 기도를 할 수 있지만 먼저 평안(샬롬)을 비는 기도를 하게 됩니다.

화평이 헬라어로는 '에이레네'입니다. '에이레네'는 단순히 전쟁과 불화가 없는 상태라는 소극적인 의미를 넘어서는 더 넓은 의미를 가지고 있습니다. 사실 전쟁과 불화가 없다 해도 사람들 사이에 무관심과 소외만 있다면 그것은 진정한 평화라

말할 수 없습니다. 무표정하고 냉랭한 관계는 평화가 아닙니다. 힘으로 억압하여 겉보기에 아무런 갈등이 없는 것처럼 보인다 해도 이것은 진정한 평화가 아닙니다. 관심, 사랑, 친밀함이 있을 때 참된 평화가 이루어지게 됩니다.

우리는 이러한 평화를 엘리베이터 안에서 때때로 경험합니다. 서로 모르는 사람이 엘리베이터를 함께 타면 참 분위기가 어색합니다. 사회심리학에서는 말하기를, 사람들 사이에는 신체적으로 적당한 거리가 유지되어야 편안함을 느낀다고 합니다. 엘리베이터의 좁은 공간에 있으면 이러한 신체적인 거리가 확보되지 못합니다. 그래서 아주 어색하고 불편한 분위기가 감돌게 됩니다. 불편한 마음으로 서로 외면하면서 서 있는 것은 화평이 아닙니다. 그런데 이때에 그 중에 한 분이 밝게 웃으면서 "안녕하세요" 인사를 하고, 상대방이 밝은 표정으로 그 인사를 받아주면 그 좁은 공간 안에 화평이 임하게 됩니다. 우리는 자주 경험하는 엘리베이터 안에서 겉으로는 갈등과 불화가 없지만 참된 평화가 이루어지지 못하는 경우를 쉽게 확인할 수 있습니다. 참된 평화는 단순히 불화와 갈등이 없는 것만으로는 이루어지지 않습니다. 관심, 사랑, 친밀함이 있을 때 이루어지게 됩니다.

'에이레네' 는 개인과 개인의 관계에만 머무는 것이 아니라

집단과 집단, 나라와 나라 사이의 관계에서도 만들어져야 합니다. 나라와 나라 사이 혹은 집단과 집단 사이에는 관심이나 이해 관계가 일치하지 않으며, 많은 경우 직접적인 접촉이 제한됩니다. 또한 공동의 이해 관계가 작용하기 때문에 한 개인이 평화를 위해서 쉽게 양보하기도 어렵습니다. 그래서 집단과 집단, 나라와 나라 사이에는 참된 평화가 이루어지는 것이 참 어렵습니다. 이러한 사실을 정확하게 간파한 사회신학자 라인홀드 니버는 《도덕적 인간과 비도덕적 사회》라는 책을 썼습니다. 이 책의 제목이 말해 주는 것처럼 한 개인이 도덕적이 된다 할지라도 그가 속해 있는 사회, 즉 집단이나 국가가 도덕적이 되기는 참 어렵다고 말합니다. 예를 들어 독도를 둘러싸고 갈등을 경험하고 있는 한국과 일본, 경제적 이해 관계가 상충하는 사용자와 노동자, 삶의 스타일과 문화가 전혀 다른 부유한 사람과 가난한 사람 등과 같은 경우 참된 평화를 이루기가 참 어렵습니다. 서로 적대시할 가능성이 크며, 혹 그렇지 않다 할지라도 무관심과 소외의 관계가 만들어짐으로써 평화가 깨어지기 쉽습니다.

인간 삶 속에서 생겨나는 불행, 고통, 비극은 사람과 사람 사이의 관계 속에서 생겨납니다. 사람과 사람 사이의 관계 속에 평화가 없으면 참된 행복과 기쁨을 누리지 못합니다. 우리 시대의 비극은 물질적으로는 풍요롭고 지식과 정보는 넘쳐나고 있

지만 사람들 사이에 평화가 이루어지지 못하고 있다는 것입니다. 이러한 시대 하나님의 백성들이 감당해야 할 가장 중요한 사명은 화평케 하는 자가 되는 것입니다.

화평이 가져다 주는 행복과 발전

평화란 다른 사람과의 좋은 관계를 의미합니다. 평화는 행복을 이루는 데 가장 중요한 조건이 됩니다. 사람과의 좋은 관계, 즉 평화가 깨어지면 소유물과 능력이 아무리 많아도 행복하지 못합니다. 반대로 비록 가난하고 평범한 삶을 살아도 평화가 이루어지면 행복할 수 있습니다.

박정희 대통령은 우리나라의 역대 대통령 가운데서 가장 높이 평가되는 인물입니다. 저와 같이 암울한 유신 시절(1972-1979년)에 대학을 다니면서 젊은 시절을 보낸 사람에게는 박정희 대통령의 부정적인 인상이 많이 남아 있습니다. 그러나 박대통령께서 세상을 떠나신 지 30년이 지난 지금 그분에 대한 평가가 새롭게 이루어지고 있습니다. 박대통령께서는 참으로 많은 업적을 남기셨습니다. 특별히 경제와 산업의 발전에 큰 업적을 남기셨습니다. 경부고속도로와 포스코(포항제철)는 박대통령의

업적을 상징적으로 보여주면서 지금도 그 위용을 자랑하고 있습니다. 박대통령께서는 업적이 많은 분이시지만 평화를 이루는 데는 성공하지 못한 분이셨습니다. 사회경제적 발전을 이루기는 했지만, 그 결과 생겨난 다양한 욕구와 갈등을 평화롭게 해소하지 못하고 권위적이고 강압적인 방법으로 눌렀습니다. 그리하여 그 삶은 참으로 불행하게 막을 내리고 말았습니다. 아무리 능력이 많고 업적이 많은 분이라 해도 평화를 이루지 못하는 삶은 불행한 삶이 됩니다.

또한 평화가 있어야 개인과 사회 그리고 문명이 발전할 수 있습니다. 평화가 무너지게 되면 개인이나 사회나 문명이 발전할 수 없습니다. 서양사를 보면 19세기까지의 문명사는 거의 다 유럽에서 이루어졌습니다. 우리가 교과서에서 배운 대부분의 위대한 정치가, 사회운동가, 종교인, 과학자, 철학자, 음악가, 미술가, 작가들은 모두 유럽에서 나왔습니다. 그런데 20세기 중반 이후부터 미국이 주도하기 시작합니다. 여기에는 여러 가지 이유를 생각할 수 있습니다. 그러나 그 가운데 가장 중요한 것은 20세기 전반부에 있었던 전쟁을 들 수 있습니다. 이 시기에 제1차 세계대전(1914-1918년)과 제2차 세계대전(1939-1945년)이 있었습니다. 그리고 양차 세계대전 사이의 기간도 평화로운 기간이었다고 말할 수는 없었습니다. 이러한 세계대전의 중요 무

대는 유럽이었고, 미국은 전쟁터에서 벗어나 있었습니다. 그리하여 세계대전이 벌어질 당시 많은 학자와 예술가들이 미국으로 건너갔습니다. 그 결과 평화가 깨어진 유럽은 정치, 경제, 문화의 주도권을 미국에 넘겨 줄 수밖에 없었습니다.

　　이것은 비단 국가나 문명의 발전에만 해당되는 것이 아니라 일반 사회단체에도 적용됩니다. 정주영 회장께서 계실 당시에는 현대 그룹이 삼성 그룹과 비교하여 밀리지 않았습니다. 서로 어깨를 나란히 하면서 우리나라 기업의 양대 산맥이 되었습니다. 그러나 현대가 삼성에게 밀리게 되는 결정적인 계기는 정주영 회장의 뒤를 이은 아들들 사이에 일어났던 불화와 다툼이었습니다. 우리나라의 발전에 가장 큰 걸림돌이 되는 것은 남북한 사이의 불화와 정치 영역에서의 불화입니다. 때때로 교회 안에서도 평화롭지 못한 경우가 있습니다. 이렇게 되면 주님의 몸된 교회가 약해집니다. 평화가 행복을 줍니다. 평화가 있어야 개인도 사회도 문명도 발전하게 됩니다. 평화의 사람이 되어 이 세상을 아름답고 복되게 만들어 갑시다.

평화를 만드는 사람

우리는 누구나 다 평화를 원합니다. 특별히 성격이 포악한 사람이 아니라면 누구나 다 평화를 원합니다. 불화하고 갈등하고 싸움하는 것을 좋아하는 사람은 별로 없습니다. 그러나 우리는 단순히 평화를 원하는 사람이 되는 것을 넘어서서 평화를 만드는 사람이 되어야 합니다. 주님께서 말씀하신 화평케 하는 사람은 헬라어 '에이레노 포이오'입니다. 이 말은 평화를 만드는 사람이라는 의미입니다. 그래서 영어성경에서는 화평케 하는 사람을 평화 만드는 사람(peace maker)으로 번역했습니다. 그렇습니다. 우리는 단순히 마음속으로 평화를 원하고 좋아하는 사람의 수준을 벗어나 적극적으로 평화를 만드는 사람이 되어야 합니다. 평화가 깨어졌을 때 적극적으로 나서서 화해하고, 평화가 회복되도록 일하는 사람이 되어야 합니다.

어떻게 해야 화평하게 하는 사람, 즉 평화를 만드는 사람이 될 수 있을까요?

1. 상대방의 가치를 인정해 주어야 평화를 만들 수 있습니

151

다. 평화는 왜 깨집니까? 상대방의 소중함과 가치를 인정하지 않을 때 평화가 깨어지게 됩니다. 인간은 누구나 다 인격적인 대우를 받고 싶어합니다. 그런데 상대방을 소중한 인격체로 대우해 주지 않으면 평화는 깨어질 수밖에 없습니다. 설사 악한 자라 할지라도 그 악에 대해서는 반대하고 책망해도 그 인격은 인정해 주어야 합니다. 교도소에서 일하는 똑같은 간수라 할지라도 어떤 사람은 죄수들과 평화를 이루면서 근무하지만, 어떤 사람은 그렇지 못합니다. 왜 그렇습니까? 설사 교도소에 들어온 죄수라 할지라도 인격적인 대우를 받고 싶어합니다. 그러므로 인격적인 대우를 하면 평화를 이룰 수 있고, 인격적인 대우를 하지 않으면 평화가 이루어지지 못합니다.

지난 2008년 8월 제가 섬기는 교회 의료선교부 대원들과 함께 베트남 호치민 시 근처 지역에 의료 봉사를 다녀왔습니다. 그곳에서 밥퍼 봉사를 하고 있는 베트남 다일공동체와 서울 다일공동체의 지도와 포스코의 협조를 받으면서 의료 봉사를 했습니다. 의사와 간호사 선생님들은 진료를 하고 약을 나누어 주는 일을 부지런히 하셨고, 저는 그분들에게 가져간 선물을 나누어 주는 일을 맡았습니다. 나라도 인종도 다르며 말도 통하지 않는 베트남 사람들이 진료를 마친 후 무심한 표정으로 제 앞으로 왔

습니다. 그분들의 마음속에 감사의 마음이 있었겠지만 어떻게 표현해야 할지 알지 못하여 주는 선물을 말없이 받아 갔습니다. 싸움과 갈등이 있는 것은 아니지만 평화는 없었습니다. 그래서 제가 그분들에게 선물을 나누어 주면서 남자들에게는 악수를 하면서 정중하게 인사를 했습니다. 나이 드신 분들에게는 두 손을 꼭 붙잡아 드렸습니다. 그리고 젊은 여성들에게는 혹 실례가 될까봐 손은 붙잡지 않고 미소만 지으면서 인사를 했습니다. 누구인지도 모르고 말도 통하지 않는 관계이지만, 그 작은 행동을 통해서 "내가 여러분들을 소중한 인격으로 대한다"는 것을 보여주었습니다. 그러자 그분들의 얼굴에 환한 웃음이 생겨났습니다. 같이 인사를 했습니다. 기뻐하는 표정이 역력했습니다. 그리고 우리들의 짧은 만남이지만 그 만남 속에는 평화가 생겨났습니다. 평화는 인격적인 만남과 대우 속에서 만들어지게 됩니다.

2. 평화는 희생과 양보가 있을 때 이루어지게 됩니다. 사람들은 누구나 자기가 수고한 만큼의 몫을 가지고 싶어합니다. 자신이 행사할 수 있는 권리를 누리고 싶어합니다. 그러나 삶의 현장에서는 수고한 만큼의 몫과 정당한 권리 행사의 정도를 정확하게 정하기가 어렵습니다. 그래서 사람들은 자신이 받을 만큼 받지 못했다고 생각하는 경우가 많으며, 그 결과 오해와 섭섭

함, 싸움과 갈등이 일어나고 평화가 깨어지게 됩니다. 이때에 어느 한 편이 희생하고 양보하면 평화가 이루어지게 됩니다.

〈창세기〉 13장을 보면, 아브라함의 일꾼들과 조카 롯의 일꾼들 사이에 목양지를 놓고 갈등이 일어납니다. 가축들의 수가 많아짐에 따라 서로가 풀과 물이 많은 땅을 차지하려고 하다 보니 싸움이 일어나게 됩니다. 이때에 아브라함이 나서서 둘 사이에 평화를 만듭니다. 그가 조카 롯에게 땅을 선택하는 권리를 먼저 줍니다. "네가 좌하면 나는 우하고 네가 우하면 나는 좌하리라"(〈창세기〉 13장 9절)고 말합니다. 아브라함이 조카 롯에게 양보함으로써 둘 사이에 평화가 이루어졌습니다.

사람은 누구나 희생과 양보를 꺼리는 법입니다. 왜냐하면 그렇게 하면 자신에게 돌아올 몫이 줄어들기 때문입니다. 그러나 우리 그리스도인들은 평화를 이루기 위해서 희생하고 양보할 수 있습니다. 왜냐하면 평화를 이루기 위해서 우리가 희생하고 양보한 것을 하나님께서 채워 주시기 때문입니다. 아저씨 아브라함이 양보함으로써 롯은 좋은 땅을 선택했지만, 그곳은 소돔과 고모라 땅이었습니다. 그 결과 소돔과 고모라가 심판날 망하게 될 때 롯은 자신의 전재산을 날리고 빈몸으로 도망쳐 나올 수밖에 없었습니다. 그러나 희생하고 양보한 아브라함은 더욱더 창대해졌습니다. 하나님께서는 평화를 이루기 위해서 희생하

고 양보한 사람을 망하게 하여 빈털터리로 만드시지 않습니다. 더욱 풍성하게 채워 주십니다.

저는 때때로 직장 신우회 모임에 가서 설교를 합니다. 신우회 회원들에게 그리스도인들이 열심히 일하고 능력을 발휘하여 직장에서 인정받고 출세하는 것도 좋은 일이지만, 일터에서 평화를 만드는 사람이 되라고 부탁합니다. 그리고 평화를 만들기 위해서는 "수고는 10% 더해 주고 받을 때는 10% 덜 받으라"고 말합니다. 직장에서 일할 때는 10% 더해 주고 자기의 몫을 받을 때는 10% 덜 받는 희생과 양보를 하면 평화가 이루어집니다. 아니 10%가 너무 많다고 하면 5%만 더 수고하고 5%만 덜 받아도 평화는 이루어집니다. 평화를 이루어가는 성도들을 주님께서는 귀하게 보십니다. 그리고 한없는 은혜와 사랑으로 평화를 위해 치른 대가를 채워 주시고, 더욱 풍성하게 주십니다.

3. 평화를 만드는 사람이 되려면 주님의 음성에 귀를 기울여야 합니다. 우리는 늘 주님의 음성에 귀를 기울이면서 평화를 만들어 가기를 원하시는 주님의 뜻을 생각하고 순종해야 합니다. 우리 자신이 평화의 사람이 되지 못하고 오히려 평화를 깨는 사람, 문제를 만드는 사람(trouble maker)이 되는 것은 주님의 음성에 귀를 기울이지 못하기 때문입니다. 배나 비행기에는 '자

155

이로스코프'라는 장치가 있습니다. 자이로스코프는 회전의(回轉儀)라고도 불리는데, 임의의 축을 중심으로 자유로이 회전할 수 있는 틀 속에서 빠르게 회전하는 바퀴로 이루어진 장치입니다. 이런 바퀴의 운동량에 의해 틀이 기울어져도 바퀴 자신의 위치는 일정하게 유지됩니다. 이러한 자이로스코프의 특징을 이용하여 여러 가지 응용 장치를 만들 수 있습니다. 선박 및 항공기용 나침반과 자동조종장치, 대형 선박의 횡동요방지장치, 관성유도장치 등을 만들어서 비행기나 배의 조종에 아주 유익하게 사용되고 있습니다. 그리스도인의 자이로스코프는 주님의 음성이요, 우리 안에 계신 성령님의 감동입니다. 우리가 인생길 갈 때 불화, 의심, 욕심, 오해, 미움 등의 바람이 불어 평화가 깨어지려고 할 때, 우리의 중심을 잡아주시고 평화를 회복하게 하시는 분이 성령님이십니다.

　　두 형제가 무슨 일로 싸움을 하게 되었습니다. 어머니가 말렸지만 듣지를 않고 싸움을 계속했습니다. 서로가 상대방 탓이라고 말을 하면서 싸움을 그치지 않았습니다. 그러자 어머니가 아들들에게 엄하게 말씀하셨습니다. "나는 너희들에게 누구의 잘못이냐고 묻지 않았다. 누가 먼저 싸움을 걸었느냐고도 묻지 않았다. 나는 너희에게 묻는다. 누가 먼저 이 싸움을 그치겠

느냐"고 말하자 두 아들은 대답을 못하고 잠잠해졌습니다. 우리 성도들이 갈등과 싸움에 휘말릴 때, 성령님께서 이 어머니와 똑같은 말씀을 하십니다. "누가 먼저 화해하겠느냐? 누가 먼저 싸움을 그치겠느냐?"고 말씀하십니다. 우리가 평화를 잃었을 때, 성령님께서 우리의 마음을 평안하지 못하게 흔드십니다. 우리의 마음을 괴롭게 하십니다. 그러므로 평화를 만드는 사람이 되기 위해서는 주님의 말씀, 성령님의 음성에 귀 기울이고 내가 먼저 손내미는 용기와 결단이 필요합니다.

화평하게 하는 사람의 복

화평하게 하는 사람은 복이 있어 하나님의 아들이라 불리게 됩니다. 우리 주님 예수 그리스도는 화평을 이루심으로 하나님의 아들이라 불렸습니다. 주님께서 십자가에 달리실 때 어떤 모습을 보이셨습니까? 주님께서는 십자가 위에서 평화를 이루셨습니다. 십자가 위에 달리신 주님을 향해 조롱하고 욕하는 사람들을 향하여 "아버지, 저들을 용서하여 주옵소서. 자기들이 하는 것을 알지 못함이니이다"라고 하셨습니다. 또한 "예수님, 당신의 나라에 임하실 때에 나를 기억하소서"라고 말하면서 구원

157

을 요청하는 십자가 위의 행악자에게 "오늘 네가 나와 함께 낙원에 있으리라"고 말씀하셨습니다. 그리고 육신의 어머니 마리아를 제자 요한에게 맡기셨습니다. 성경 속에 기록된 말씀 외에도 주님께서 마지막 순간에 평화를 이루기 위해서 다른 말씀도 하셨을 것입니다.

이러한 모습을 본 십자가형 집행의 책임을 맡았던 백부장은 크게 감동을 했습니다. 대부분의 경우 십자가형을 당해 죽는 사람들은 말할 수 없이 큰 소리로 저주와 원망과 욕설을 퍼부었습니다. 그러나 주님께서는 마지막 순간까지 평화를 선포하셨습니다. 그러자 백부장은 "이 사람은 진실로 하나님의 아들이었도다"(〈마가복음〉 15장 39절)라고 했습니다. 백부장은 우리 주님께서 누구이신지 어떤 분이신지 전혀 알지 못하는 인물이었습니다. 어쩌다 주님의 십자가형을 책임지고 주님 곁에 서 있었던 사람입니다. 그러나 그는 주님의 마지막 죽으시는 모습을 통해 이 땅 위에 평화를 만드시는 아름답고 거룩한 모습을 보았습니다. 그리하여 우리 주님이 참으로 하나님의 아들이었다고 고백했던 것입니다. 화평하게 하는 사람은 복이 있어 하나님의 아들이라 불리게 됩니다.

화평하게 하는 사람이 왜 하나님의 자녀라 불리게 될까요?

그 이유는 간단합니다. 참된 자녀는 부모의 뜻을 알고, 그 뜻에 순종하는 삶을 삽니다. 자식들은 아버지의 뜻을 알고 순종함으로 아버지를 닮아가며, 아버지의 참 자녀가 됩니다. 아버지 하나님께서 우리 인생들에게 원하시는 것이 무엇일까요? 그것은 이 땅에 평화를 이루는 것입니다. 하나님이 만드신 인생들 사이에 서로 사랑하며 평화롭게 사는 것입니다. 아버지의 마음이 가장 아플 때는 언제일까요? 그것은 두말 할 것도 없이 자녀들끼리 서로 싸우고 미워하며 불화하면서 사는 것입니다. 반대로 부모는 자녀들이 화목하게 평화를 이루며 살아갈 때 가장 기쁜 법입니다.

그러므로 평화를 위해 일하고 수고하는 사람이 하나님의 아들이라 불리게 됩니다. 하나님의 독생자 우리 주님 예수 그리스도께서는 이 땅에 오셔서 평화를 이루셨습니다. 사마리아 사람들과 이방인, 병든 자와 귀신 들린 자, 세리나 창녀 등과 같이 사람들에게 손가락질당하고 사람들과 벽이 있으며 불화하게 지내는 사람들에게로 가셨습니다. 그들을 변화시키셨습니다. 그들을 고치시고, 그들의 인생을 새롭게 변화시키셨습니다. 이러한 일을 통해서 주님께서는 이 땅에 평화를 가져오셨습니다. 하나님의 아들이 있는 곳에는 언제나 평화가 이루어집니다. 싸움과 갈등이 끝이 나고 평화가 이루어지게 됩니다.

　　로마시대의 가장 잔인한 악습 가운데 하나가 검투 경기였습니다. 〈글레디에이터〉라는 영화는 이러한 검투사를 다룬 영화로 검투 경기의 잔인한 모습을 잘 보여주는 영화입니다. 검투경기는 사람의 생명을 가지고 놀이를 삼습니다. 검투사가 된 노예나 죄수들은 자신이 살아남기 위해서 상대방을 죽여야만 했습니다. 기독교를 공인한 콘스탄티누스 황제는 이 검투 경기를 금지시켰습니다. 그러나 오랫동안 시민들의 놀이가 되었던 검투 경기는 그후에도 계속되었습니다. 기독교가 공인되고 복음이 로마 사람들에게 널리 퍼져 있었지만 이 악한 경기는 계속되고 있었습니다. 검투 경기는 많은 구경꾼 앞에서 싸움을 하며, 다른 사람을 죽이는 잔인한 경기일 뿐 아니라 평화를 깨는 경기였습니다. 주후 404년 호노리우스 황제가 통치하던 시절 '델리마쿠스' 라는 수도사가 있었습니다. 그 수도사는 이 잔인한 경기를 없애고 평화를 이루어야 하겠다는 간절한 소원을 가졌습니다. 그리고 그 소원이 바로 자녀들이 화평하며 살기를 원하시는 아버지 하나님의 뜻인 것을 확신했습니다. 그는 로마에 와서 많은 정치지도자들과 교회지도자들을 찾아갔습니다. 그리고 검투 경기는 하나님의 뜻이 아니니 중단시켜야 한다고 말했습니다. 사람들은 그의 말을 듣고 고개를 끄덕이기는 했지만 오랫동안 계속되어 온 경기이며, 또한 로마 시민들이 너무나도 즐기는 경기이

기 때문에 없애기가 어렵다는 말을 했습니다. 델리마쿠스 수도
사는 결심을 했습니다. 자신의 목숨을 바쳐서 이 악한 경기를
중단시키고 잔인한 경기를 즐기는 시민들의 심령 속에 참된 평
화가 임하도록 해야겠다고 생각했습니다.

그리하여 그는 검투 경기가 한창 진행되는 경기장 안으로
들어갔습니다. 그리고 이 악하고 잔인한 경기를 당장 중단하라
고 외쳤습니다. 검투의 재미에 흠뻑 빠져 있었던 군중들이 흥분
하면서 그를 죽이라고 외쳤습니다. 그러자 검투사 가운데 한 사
람이 이 수도사를 칼로 쳐서 죽였습니다. 신실한 수도사가 죽는
모습을 보면서 군중들은 제정신을 차리게 되었습니다. 모두 다
부끄러운 마음을 가지게 되었습니다. 이 일을 계기로 황제가 경
기를 중단시켰고, 로마의 검투 경기는 더 이상 이어지지 않았
습니다. 수도사 델리마쿠스는 평화를 위해 자신의 목숨을 바쳤
습니다. 그는 참으로 하나님의 뜻을 알고, 그 뜻에 순종한 사람
이었습니다. 그러므로 그는 화평케 하는 사람이 되었습니다. 그
리하여 그는 위대한 하나님의 사람, 하나님의 아들이라 불리게
되었습니다.

평화란 단순히 싸움과 적대감이 없는 것을 넘어서서 서로
사랑하고 섬기는 좋은 관계에 있는 것을 의미합니다. 평화가 이

루어져야 행복할 수 있고, 개인이나 사회가 발전할 수 있습니다. 우리는 평화를 원하는 사람에 그치지 않고 평화를 만드는 사람이 되어야 합니다. 평화를 만들기 위해 애써 수고하며 헌신하는 사람이 될 때, 우리 주님 예수 그리스도처럼 하나님의 아들이라 불리는 복을 누리게 됩니다.

제10장

의를 위하여 박해받는 사람의 복

의를 위하여 박해를 받은 사람은 복이 있나니

천국이 그들의 것임이라

나로 말미암아 너희를 욕하고 박해하고

거짓으로 너희를 거슬러 모든 악한 말을 할 때에는

너희에게 복이 있나니 기뻐하고 즐거워하라

하늘에서 너희의 상이 큼이라

너희 전에 있던 선지자들도 이같이 박해하였느니라

마태복음, 5장 10-12절

《논어》의 〈자로(子路)〉편에 보면, 공자님과 제자 자공 간에 있었던 다음과 같은 대화가 나옵니다. 자공이 질문했습니다. "마을 사람이 모두 좋아하는 사람은 어떤 사람입니까?"

그러자 공자님께서 "좋은 사람이라고 할 수 없느니라"고 대답하셨습니다. 그러자 다시 자공이 "그렇다면 마을 사람 모두가 미워하는 사람은 어떤 사람입니까?"라고 질문했습니다. 그러자 공자님께서 대답하시기를 "그 역시 좋은 사람이라고 할 수 없느니라"고 하셨습니다. 그러고 나서 말씀하시기를 "마을의 좋은 사람들이 좋아하고, 마을의 좋지 않은 사람들이 미워하는 사람이 가장 좋은 사람이니라"고 하셨습니다. 공자님의 이 말씀은 우리에게 중요한 교훈을 주고 있습니다. 가장 좋은 사람, 가장 훌륭한 사람이 되려고 하면 좋지 않은 사람들에게 미움을 받을 수밖에 없다는 것입니다. 우리 주님께서도 말씀하시기를 의를 위하여 박해받는 사람은 복이 있다고 하셨습니다.

복이 되는 박해와 복이 되지 못하는 고통

우리는 먼저 복이 되는 박해와 복이 되지 못하는 박해를 구분해야 합니다. 우리가 박해를 받는다면 복이 되는 박해를 받아야지 복이 되지 못하는 박해를 받을 필요는 없습니다. 아니 복이 되지 못하는 박해는 받지 않도록 해야 합니다. 그렇다면 무엇이 복이 되는 박해이겠습니까? 예수님을 잘 믿고 예수님의 말씀을 따라 사는 의로운 삶으로 인해 박해를 받는 것이 복이 되는 박해입니다. 이러한 박해를 받게 되면 하늘의 복을 받게 됩니다.

그러나 복이 되는 박해와는 다른 종류의 박해 혹은 고통이 있습니다. 그것이 무엇일까요? 그것은 자신의 잘못으로 인해 고통과 어려움을 당하는 것입니다. 그래서 성경 말씀에도 "죄가 있어 매를 맞고 참으면 무슨 칭찬이 있으리요"(〈베드로전서〉 2장 19절)라고 했습니다. 자신이 죄를 지어서 끌려가 매를 맞았고, 그것을 잘 참고 견뎠다고 한들 칭찬받을 것이 없다는 것입니다. 당연히 받아야 할 벌을 받은 것에 불과하다는 것입니다. 그렇습니다. 우리 성도가 시험에 빠져 도둑질을 하거나 사람을 해치는 등 악한 길로 가다가 붙잡혀 감옥에 가고 어려움을 당한

166

다고 하면, 그것은 박해를 받은 것이라고 할 수 없습니다. 그것은 자신의 죄악에 대해 벌을 받은 것에 불과합니다. 그러므로 이런 일로 인한 고통과 어려움은 우리 성도들이 당해서는 안 될 것입니다.

또한 지혜가 부족하여 당하는 고통도 참된 박해라 할 수 없습니다. 가끔 가다 보면 가정 주부인 성도 가운데 가정 일은 돌보지 않고 교회에 와서 살다시피하는 분이 있습니다. 이러다가 그 배우자나 시부모에게 심한 책망을 받는다면 그것은 참된 박해라고 말할 수 없습니다. 그것은 지혜 없이 행동한 결과입니다. 또한 어떤 분들은 직장에서 맡은 일은 제대로 하지 않으면서 교회 일을 위하여 복사를 하고 책자를 만드는 일에 열심을 내다가 회사 안에서 책망을 받고 어려움을 당하기도 합니다. 이 경우 역시 지혜가 없어 당하는 괴로움이지 참된 박해를 받았다고 할 수 없습니다. 그러므로 우리는 복이 되는 박해, 즉 주님을 위하여 고난을 당하고 하나님의 나라와 의를 위하여 박해를 받도록 해야지 복이 되지 않는 고통을 당해서는 안 되겠습니다.

박해를 받는 이유

우리 성도들이 이 세상 살면서 박해를 받는 이유가 무엇일까요?

1. 먼저 생각할 수 있는 것은, 이 세상 사람들이 하나님을 알지 못하므로 복음과 구원의 소중함을 깨닫지 못하여 핍박을 하는 경우가 있습니다. 이런 분들은 믿음 생활하는 것의 가치를 알지 못하여 믿음 생활을 어리석은 일, 쓸데없는 일로 여기면서 박해를 하게 됩니다. 저를 가르쳐 주신 교수님 가운데 한 분은 훌륭하시지만 하나님과 복음에 대해서 잘 이해하지 못하셨습니다. 그래서 자신이 직접 지도하는 제자들을 다그치면서 "한참 공부해야 할 나이에 왜 일요일 하루를 교회에 나가서 쓸데없이 시간을 낭비하느냐"고 책망했습니다. 우리는 때때로 이와 비슷한 경험을 합니다. 하나님 아버지의 품 안에서 살아간다는 것이 얼마나 귀하며, 우리 주님 예수 그리스도의 십자가 은혜가 얼마나 크고 소중한지를 알지 못해서 핍박을 하는 사람들이 있습니다. 이런 분들에게는 사랑으로 증거하고, 하나님 아버지가 어떤 분이신가를 우리의 삶을 통해 보여줄 때 핍박을 이길 수 있습

니다.

    2. 세상 사람들이 성도를 박해하는 두번째 이유는 성도로
부터 나오는 빛이 부담스럽기 때문입니다. 빛이 어둠을 비추면
어둠 속에 숨겨져 있던 추한 것들이 드러나게 됩니다. 그러므로
어둠은 빛을 싫어하기 마련입니다. 성도의 거룩하고 고귀한 삶
의 모습은 빛이 되어 세상 사람들을 비춥니다. 세상 사람들은 이
빛으로 인해 자신의 추한 모습을 보게 됩니다. 올바른 사람이라
면 자신의 추한 모습이 보일 때 반성을 하고, 자신의 삶을 거룩
하게 바꾸어 나가야 할 것입니다. 그러나 악에 물든 인생들은
그렇게 하지 않고, 오히려 빛이 되는 성도를 미워하고 박해하
게 됩니다. 거울에 비친 자신의 모습이 보기 싫다고 거울을 깨
는 것과 같은 어리석은 행동이지만, 이런 일들은 때때로 일어납
니다.

    소크라테스를 그렇게 싫어하고 미워하던 헬라의 한 귀족
이 있었습니다. 그래서 한 친구가 그에게 물어보았습니다. "자
네는 왜 그렇게 소크라테스를 싫어하는가?" 그러자 그 귀족이
솔직하게 대답했습니다. "나는 소크라테스 앞에 서기만 하면
나의 초라하고 부끄러운 모습이 생각나기 때문이오. 나 역시 소
크라테스가 훌륭한 사람이라는 것을 잘 알고 있소. 다만 나를

169

초라하고 부끄럽게 만드는 소크라테스가 미운 것이오." 인간에게는 이런 마음이 있습니다. 우리 성도들로부터 나오는 빛이 밝아서 박해를 받는 것은 영광스러운 일입니다. 주님께서 복을 주실 것이기 때문입니다.

3. 세상 사람들이 성도를 박해하는 또 다른 이유는, 성도들의 믿음과 삶이 자신들의 권익에 방해가 되기 때문입니다. 폭력적 힘을 가진 국가나 사회의 권력이 이런 입장에 있으면 직접적이고 조직적인 박해가 일어나게 됩니다. 우리들이 알고 있는 중요한 박해들은 다 이런 성격을 띠게 됩니다. 초대 교회 당시 많은 성도들이 박해로 인해 목숨을 잃었습니다. 그 이유는 다른 데 있지 않습니다. 당시 세상을 지배하던 로마는 그 체제를 유지하기 위한 방편으로 황제 숭배를 사용했습니다. 황제 숭배는 로마를 통치하는 정신적인 힘이었습니다. 그런데 그리스도인들이 로마의 황제 숭배를 거부했습니다. 권력자의 입장에서 볼 때 이것은 로마의 체제에 대한 도전으로 여겨졌고, 그 결과 엄청난 박해가 일어나게 되었습니다.

일제 말에 있었던 신사 참배 거부 그리스도인에 대한 박해 역시 같은 맥락에서 이해할 수 있습니다. 일제 군국주의 세력이 중심이 되어 만주 사변, 중일 전쟁, 태평양 전쟁 등이 일어

남으로 인해 일본 본토와 식민지 조선에 있는 모든 사람들의 마음을 하나로 집중시킬 필요가 있었습니다. 이때에 사용한 것이 이른바 천황 숭배, 신사 참배였습니다. 그러나 여호와 하나님만을 경배하는 그리스도인으로서는 이러한 요구를 받아들일 수 없었습니다. 물론 일제의 강압에 의해 많은 사람들이 신사 참배에 굴복했지만 적지않은 사람들이 목숨을 걸고 항거했습니다. 신실한 성도들은 자신들이 하나님에 대한 신앙의 절개를 지키기 위해서 신사 참배를 거부했지만, 전체주의로 치닫는 일제의 입장에서 볼 때는 조그만 틈새도 허용할 수 없었습니다. 그래서 신앙의 절개를 지키고자 하는 성도들을 반국가 범죄를 저지른 정치범으로 몰아 죽이기도 하고, 감옥에 가두기도 했던 것입니다.

모든 전체주의 국가에서는 이런 유형의 박해가 일어날 가능성이 항상 있습니다. 이슬람교와 같은 특정 종교에 근거한 전체주의이든, 아니면 마르크스 레닌주의나 김일성 주체 사상과 같은 공산주의에 근거한 전체주의이든 전체주의적인 성격을 띠는 사회 체제에서는 국가 권력에 의한 박해가 일어날 수 있습니다. 이러한 박해로 인해 많은 성도들이 희생되었음을 교회사는 증거하고 있습니다.

그러나 이런 국가의 폭력적 힘에 의한 박해를 견디면서 성도들은 참으로 위대한 믿음을 증거했습니다. 즉 이 세상 무엇도 하나님의 자리를 대신할 수 없다는 것을 증거했습니다. 이 세상에서 오직 영광을 받으실 분은 하나님 한 분밖에 없음을 증거했습니다. 이것을 증거하기 위해서 많은 분들이 순교의 길을 갔습니다. 그리하여 이 세상의 어떤 왕이나 세상을 지배하는 우상들이 하나님의 자리를 넘보지 못하도록 했습니다. 이것이 박해를 받고 목숨까지 내어놓은 순교자들의 위대한 공적이며, 우리는 그 은덕을 입어 오직 거룩하신 아버지 하나님 한 분만 믿고 의지하며 살아갈 수 있게 되었습니다.

4. 끝으로 생각할 수 있는 것은, 구원의 역사를 방해하는 악한 세력들에 의해 박해가 일어날 수 있다는 것입니다. 영적인 시각에서 본다면, 이 세상의 역사는 구원의 역사입니다. 즉 하나님께서 구원을 이루어 가시는 과정이 우리 인간들의 역사라는 것입니다. 원수 마귀는 구원의 역사가 온전히 완성되는 것을 두려워하고 싫어합니다. 그래서 구원의 역사를 방해하기 위해 갖은 수단을 다 사용하고 있습니다. 이러한 모습은 반기독교 운동을 통한 박해의 형태로 나타나게 됩니다.

우리는 요즈음 인터넷을 통한 반기독교 운동을 많이 경험하고 있습니다. 온라인 공간에 수많은 반기독교 사이트가 운영되고 있습니다. 이러한 반기독교 사이트에 등장하는 비판 가운

데 우리가 귀 기울여 들을 만한 내용이 적지않게 있음을 부인할 수는 없습니다. 이런 비판을 통해서 교회의 허물과 잘못된 점을 반성하고 고치는 계기로 삼는데 있어 인색해서는 안 될 것입니다. 그럼에도 불구하고 우리가 기억해야 할 것은 반기독교 사이트는 영적 싸움의 현장임을 알아야 합니다. 예전에는 주로 기독교회와 기독교 지도자의 도덕적 문제를 많이 비판했는데, 시간이 흐를수록 우리 주님 예수 그리스도의 십자가를 악의적으로 비난하고 공격하는 모습을 볼 수 있습니다. 이러한 과정에서 많은 성도들이 고통을 당하고 있습니다. 이런 영적 싸움 가운데서 구원의 역사를 방해하는 세력들과 그 배후에 있는 악한 영들에 의해 박해가 일어날 수 있습니다. 이러한 박해의 빌미를 주지 않도록 우리 스스로를 늘 돌이켜보는 것과 함께 악한 영의 활동을 과감하게 물리칠 수 있는 믿음의 용사가 되어야 하겠습니다.

박해의 영적 유익

박해를 받는 것은 분명히 괴로운 일입니다. 강력한 힘을 가진 국가 권력이 박해를 할 때는 두려운 마음이 들기 마련입니다. 그러나 이러한 박해를 통해서 얻는 영적인 유익들이 많이 있습니다. 그것이 무엇이겠습니까?

1. 박해를 통해서 예수님의 진리됨과 우리 주님의 소중함을 확실하게 증거할 수 있습니다. 우리가 고난을 당하고 손해 보고, 더 나아가 목숨을 잃으면서까지 주님을 믿으면 주님의 영광이 나타나게 됩니다. 그리고 박해받으면서까지 간직한 그 믿음을 더욱더 소중히 여기고 잘 지키게 됩니다.

제 경험을 하나 말씀드리겠습니다. 제가 1985년 광주대학교에 부임하면서 이곳 광주에서의 생활이 시작되었습니다. 제 전공이 종교사회학이었기 때문에 한국의 기독교에 대해서는 늘 관심을 가지고 있었습니다. 그러던 중 이곳에 있는 호남신학대학 안에 신학대학원이 세워져서 입학을 하게 되었습니다. 광주대학에서는 학생들을 가르치고, 신학교에서는 신학공부를 하는 힘든 과정을 보냈습니다. 신학교를 졸업한 후 바로 교회를 개척하였고, 목사 안수를 받게 되었습니다. 그런데 개척한 교회가 꾸준히 성장하여 주일 출석 성인 성도가 150여 명에 이르렀습니다. 교회에 대한 비교적 좋은 평판이 나게 되었습니다. 그러나 제가 근무하는 학교의 운영자 입장에서는 그것이 못마땅하게 여겨졌던 것 같습니다. 저로서는 가르치는 일에나 연구하는 일에 지장이 없도록 최선을 다했지만, 학교 측의 입장에서는 불만

174

스러웠기에 이런저런 괴로움을 주었습니다. 그러던 어느 날 학교 측에서 저를 불렀습니다. 그리고 학교와 교회 가운데 하나를 택하라고 했습니다. 학교 당국의 입장에서는 얼마든지 할 수 있는 요구라고 생각됩니다. 그때에 제가 18년 동안 근무하고 있었습니다. 2년만 더 일하면 연금을 받을 수 있었습니다. 그래서 솔직하게 2년만 더 일할 수 있도록 해주시면 그때 퇴직을 하겠다고 했습니다. 그러나 학교 측에서는 막무가내였습니다. 그동안 학교를 위해서 열심히 일했는데 섭섭한 마음이 들었습니다. 그러나 어쩌겠습니까? 목사를 그만둘 수야 없는 것이기에 사직서를 냈습니다. 이후 들리는 소식에 의하면, 설마 사직서를 내기야 할까 생각하던 학교 측에서도 놀랐다고 합니다. 그리고 동료 교수들 가운데서도 "노선생이 믿는 하나님이 대단하신 모양이야. 사직서까지 내고 교회로 가다니!"라고 이런저런 말들을 했다고 합니다. 박해와 고통을 당하고, 손해를 보면서도 주님에 대한 믿음을 고백하면 하나님의 영광이 나타나게 됩니다. 하나님의 이름이 거룩히 여김을 받게 됩니다.

2. 박해를 받을 때 그것을 잘 이기면 성도의 성품이 정결해지는 유익이 있습니다. 우리가 주님으로 인해 박해를 받게 되면, 이 세상의 헛된 욕심과 세상 즐거움을 모두 포기하게 됩니

다. 오직 주님 한 분만으로 만족하게 됩니다. 그리하여 우리의 신앙 인격이 성결하고 아름다워지게 됩니다. 이것은 중한 병을 이기고 나을 때와 비슷한 모습입니다. 우리가 중한 병에 걸려 생명이 위급하게 되면 이 세상의 것들에 대한 욕망이 모두 다 없어져 버립니다. 오직 목숨만 잃지 않으면 족하다고 생각합니다. 이와 마찬가지로 우리가 주님으로 인해 박해를 받으면, 다른 모든 것을 잃어 버린다 해도 주님 한 분만 잘 섬길 수 있으면 그것으로 족하다고 생각합니다. 주님 이외의 다른 것들에 대한 욕망이 모두 사라져 버립니다. 이러한 과정을 통해서 우리는 주님을 닮아가게 됩니다. 우리의 성품이 거룩해지고 아름다워집니다.

3. 박해를 받고 그것을 이기는 과정에서 주님의 임재하심을 체험하게 되는 유익이 있습니다. 우리가 주님으로 인하여 박해와 핍박을 당하고 이 세상에서 손해를 입을 때 주님께서는 가만히 계시지 않습니다. 주님께서는 핍박당하는 성도들을 혼자 두지 않으십니다. 우리와 함께하십니다. 그리하여 우리 옆에 계시는 주님을 생생하게 느낄 수 있게 됩니다. 우리는 이러한 모습을 〈사도행전〉 7장에 나오는 스데반의 순교 장면에서 잘 확인할 수 있습니다. 스데반은 순교하는 그 순간에 성령이 충만한

176

가운데 하늘을 우러러보면서 하나님의 영광을 보았습니다. 주님께서 하나님 우편에 서 계신 것을 보았습니다. 그리하여 스데반은 외치기를 "보라 하늘이 열리고 인자가 하나님의 우편에 서 계신 것을 보노라"고 했습니다. 박해를 당하게 되면 주님의 임재하심을 가까이에서 생생하게 느끼는 복을 받습니다.

　　일제시대 말 일제는 한국의 성도들에게 신사 참배를 강요하였습니다. 이러한 강요에 굴복하지 않는 목회자와 성도들에게 극심한 박해를 가했습니다. 이러한 박해로 인해 주기철 목사님을 비롯하여 100여 분의 목회자와 성도들이 순교의 피를 흘렸습니다. 이때에 주남선 목사님은 거창읍 교회를 섬기면서 서부 경남의 신사 참배 거부 운동의 핵심적인 역할을 담당했습니다. 1940년 투옥되어 해방될 때까지 옥살이를 했습니다. 이때에 악한 일제 당국자들에 의해 말할 수 없이 큰 박해를 받았지만 잘 이기셨습니다. 하루는 일제 경찰에 의해 매를 맞고 한겨울의 차가운 시멘트 바닥에 쓰러져 기절하였습니다. 얼마 후 의식을 되찾았을 때 주목사님은 그 자리에 엎드려서 이 시련을 이기게 해달라고 간절히 기도했습니다. 한참 기도하다가 시멘트 바닥을 만져 보니 추운 겨울 물로 젖은 시멘트 바닥이 불 땐 온돌방처럼 따뜻하였습니다. 그의 온몸은 포근한 담요에 싸여 있는 것처럼 느껴졌습니다. 눈이 저절로 감겨 그는 깊은 잠에 빠졌습

니다. 주목사님은 후에 이 일을 회상하며 이렇게 말했습니다. "포근한 담요는 우리 주님 자신이었습니다. 나는 주님의 품에서 평안히 쉴 수 있었습니다." 주님은 당신의 이름으로 인해 고난과 박해를 받는 자와 함께 계셨던 것입니다.

마크 갈리(Mark Galli)라고 하는 역사학자가 있는데, 그분은 기독교 2000년 역사 중에 순교사를 전공으로 연구한 학자입니다. 그분은 2000년 순교사를 연구한 후 다음과 같이 결론을 내렸습니다. "순교자들 하나하나를 살펴보고 그들의 발자취를 따라가 보면 한 가지 분명히 볼 수 있는 것이 있는데, 그것은 하나님의 임재였다"라고 했습니다. 박해를 통해서 얻을 수 있는 가장 큰 유익은 우리 주님의 임재하심을 생생하게 느낄 수 있다는 것입니다.

박해받는 사람의 복

이처럼 박해 가운데는 여러 가지 영적인 유익이 있기 때문에 주님께서는 말씀하시기를 박해받는 자에게는 복이 있다고 하셨습니다. 주님께서 말씀하신 복은 어떤 복일까요? 주님께서 말씀하시기를 천국이 그들의 것이 되는 복을 받는다고 하셨습

니다. 이 복은 심령이 가난한 자가 받는 복과 같은 원리로 주어지는 것입니다. 즉 심령이 가난한 사람은 자신의 심령 속이 세상의 것들로 차지 않도록 늘 비우게 됩니다. 이렇게 비어 있는 심령 속에 하나님의 통치가 임하게 됩니다. 하나님께서 그 심령 가운데서 온전히 지배권을 행사하십니다. 그리하여 심령이 가난한 사람은 하나님의 나라, 즉 천국의 백성이 되는 것입니다.

이와 마찬가지로 박해를 받는 사람 역시 그 박해를 통해서 주님의 주권을 인정하게 됩니다. 박해란 이 세상이 자기에게 충성할 것을 요구할 때 그 요구에 응하지 않음으로 인해서 생기는 것입니다. 우리 성도들은 하나님의 자리를 대신 차지하고자 하는 이 세상의 요구에 응할 수 없습니다. 그래서 박해를 받게 됩니다. 박해를 받음으로써 우리의 주권이 주님에게 있음을 고백하게 됩니다. 그러면 주님께서 왕으로 계시는 주님의 나라, 곧 천국이 우리에게 임하게 됩니다. 그리하여 우리는 천국의 백성이 되는 것입니다. 물론 이 말씀을 순교한 성도들이 천국에 들어가서 영원하신 주님의 품에서 안식하게 된다는 의미로 해석할 수 있습니다.

또한 주님께서는 박해를 받는 사람은 큰 상급을 받게 된다고 말씀하셨습니다. 주님께서는 박해받는 성도의 고통과 시련을 잘 알고 계십니다. 그래서 한 번 더 강조해서 말씀하셨습니

다. "나로 말미암아 너희를 욕하고 박해하고 거짓으로 너희를 거슬러 모든 악한 말을 할 때에는 너희에게 복이 있나니 기뻐하고 즐거워하라 너희의 상이 큼이라"고 말씀하셨습니다. 그렇습니다. 박해를 받은 사람들은 주님을 위하여 자신의 것을 포기한 사람들입니다. 재산과 지위와 명예를 포기한 사람들입니다. 안락한 생활을 포기한 사람들입니다. 박해로 인해 순교를 당한 사람들은 자신의 목숨까지도 포기한 사람들입니다. 주님을 위하여 자신에게 있는 것을 포기한 사람에게 주님께서 귀한 상급을 주시는 것은 너무나도 당연한 일입니다. 주님께서는 주님의 이름으로 박해를 받은 사람, 고통당한 사람, 무엇인가를 잃어버린 사람들을 귀하게 여기시고 상을 주십니다.

때때로 천국에 다녀왔다고 하는 사람들이 있습니다. 천국의 모습이 성경 속에 상세하게 기록되어져 있지 않기 때문에 그분들이 본 것이 천국의 실제 모습과 얼마나 같은지에 대해서는 속단할 수 없습니다. 그러나 그분들이 공통적으로 하는 말이 있습니다. 천국에 가서 보았더니 순교자의 면류관에서 나오는 빛이 가장 밝았다고 합니다. 주님을 위하여 목숨까지도 버린 순교자에게 주님께서는 가장 큰 상을 주시는 것이 당연한 일입니다.

주님을 위해 박해받는 사람들이 받는 또 다른 복은 선지

자들의 반열에 들어가는 것입니다. 주님께서 말씀하시기를 "너희 전에 있던 선지자들도 이같이 박해하였느니라"고 하셨습니다. 이 말씀에 따르면 박해는 처음 있는 일이 아닙니다. 예전부터 구약의 많은 선지자들이 박해를 당했습니다. 예레미야 선지자 같은 분은 하나님의 말씀을 전하다가 수많은 박해를 받았습니다. 뿐만 아니라 결국은 하나님의 뜻을 거역한 유다 백성들에 의해 죽음을 당하고 말았습니다. 박해란 예수님의 제자들에게만 있는 것이 아니라 옛 선지자들에게도 있었습니다. 아니 선지자의 길, 제자의 길을 가게 되면 박해가 뒤따른다고 해도 틀린 말이 아닙니다. 그러므로 박해를 받는다고 하는 것은 옛 선지자의 반열에 들어가는 것입니다. 그들과 같은 부류에 속하게 되며, 그들이 받았던 존경과 상급을 받게 될 것입니다. 위대한 선지자들과 같은 반열에 속한다고 하는 것이 박해를 받는 성도들의 특권이요, 영광입니다.

박해받을 때의 태도

박해란 우리에게 영적인 유익을 주는 것입니다. 박해가 힘들고 고통스러운 일이지만, 그것은 또한 복이 되기도 합니다.

그러므로 우리는 박해를 당할 때 주님께서 말씀하신 것처럼 '기뻐하고 즐거워해야' 합니다. 박해를 받을 때 하나님을 더 가까이에서 만날 수 있다는 사실을 기억하고, 박해로 인해 주어지는 상급의 약속을 생각하면서 기뻐하고 즐거워해야 합니다.

루마니아의 범브란트 목사님은 공산 정권에 의해 오랫동안 박해를 받고 감옥 생활을 하셨던 분입니다. 그분이 감옥에서 나온 후 다음과 같이 고백했습니다. "제가 감옥에서 보낸 14년의 햇수가 길게 여겨지지 않았던 것은 홀로 독방에 갇혀 있으면서 믿음이나 사랑을 넘어선 어떤 기쁨을 하나님 안에서 발견하였기 때문입니다. 그 기쁨이란 이 세상 어느것에도 견줄 수 없는 아주 깊고도 아주 독특한 황홀경 같은 기쁨이었습니다." 박해를 받는 것이 분명 힘들고 고통스러운 일이지만, 주님께서 주시는 특별한 기쁨이 있어서 14년을 그저 몇 년처럼 보냈다는 것입니다. 범브란트 목사님에게 있어서 감옥은 천국과 같은 곳이었습니다. 그래서 출옥할 때의 감상을 다음과 같이 고백했습니다. "제가 감옥 문을 열고 나오자 저는 마치 수십 리에 뻗쳐 있는 평화롭고 아름다운 시골 전경이 훤히 내려다보이는 아름다운 높은 산정에 살다가 갑자기 아무것도 안 보이는 평지로 내려오는 것 같은 느낌이었습니다." 박해받으면서도 이렇게 기뻐하고 즐거워한 범브란트 목사님은 참으로 귀한 하나님의 사람이었으

며, 주님의 크고 놀라운 은혜를 받으신 복된 분이셨습니다.

우리들은 사실 박해가 없는 시대를 살고 있습니다. 가정이나 사회에서 개인적인 차원에서 이런저런 박해를 받는 경우는 있지만 초대 교회 시절, 공산 정권이나 일제 말기 시절처럼 국가 권력이나 사회적 권력에 의해 조직적인 박해를 받지는 않고 있습니다. 그런 우리들은 어떻게 살아야 할까요? 박해당하는 자들과 고통을 함께 나누어야 할 것입니다. 그들을 위해 기도하고, 그들을 도우며, 그들이 박해에서 벗어날 수 있도록 힘을 합쳐야 할 것입니다. 특별히 우리 동족으로서 북한 땅에서 예수를 믿는다는 이유로 박해를 당하고 생명까지 잃어버린 많은 사람들을 위해 기도하고, 북한 백성들에게도 복음의 빛이 비칠 수 있도록 최선을 다해야 하겠습니다.

또한 우리는 핍박받는 성도의 심정으로 생활해야 하겠습니다. 주님을 믿고 따르기 위해서 많은 것을 포기하고 희생한 사람들을 생각하면서 어려움 없이 믿음 생활할 수 있고, 마음껏 예배드릴 수 있다는 것에 대해서 늘 감사해야 할 것입니다. 성경 말씀 읽는 것에 게을러지면, 성경을 한 장 한 장 나누어서 책 속에 끼워 놓고 숨어서 읽을 수밖에 없는 박해받는 성도들을 생각하며 말씀을 더욱더 사모해야 하겠습니다. 주님께 나와 예배드리는 일에 게을러지게 되면, 마음껏 소리 높여 찬송하는 것이 일평생의 소원으로 생각하며 눈물 흘리며 기도하는 성도님들을 생각하면서 주님께 더욱더 정성 다해 예배드려야 할 것입니다. 박해받는 형제들과 순교자들을 생각하면서 더욱 거룩한 삶 사는 성도님들이 됩시다.

하늘의 복을 누리는 인생

이 세상 사람들은 누구나 복받기를 좋아합니다. 특별히 우리 한국 사람들은 복을 좋아합니다. 그래서 이름 가운데 복자를 많이 썼습니다. 복남이, 복순이 등의 이름을 쉽게 발견할 수 있습니다. 한복의 옷고름이나 수저, 베개, 이불 등에도 복복(福)자를 새겨 놓았습니다. 연초가 되면 "새해 복많이 받으십시오"라고 인사를 하면서 복을 빌어줍니다. 그리고 이러한 복이 자기 자신에게서 오는 것이 아니라 하늘에서 온다고 생각했습니다. 조상님의 은덕이라고 생각했습니다. 이런 면에서 우리 한국 사람들은 하나님의 백성이 되기에 적합한 심성을 가졌다고 하겠습니다. 한국 사람들이 복을 구하는 것을 보면 은혜로 주어지는 것이 무엇인가를 아는 것 같습니다.

그런데 우리 한국 사람들이 생각하는 복을 보면 다분히 물질적이고 현세적입니다. 한국 사람들은 5복이라 불리는 다섯 가지 복을 누리는 것을 소원했습니다. 유교적인 전통에 따르면 오복이란 수(壽; 장수하며 오래 사는 것) · 부(富; 부유하게 사는 것) · 강녕(康寧; 건강하게 사는 것) · 유호덕(攸好德; 덕을 쌓는 것) · 고종명(考終命; 명대로 살다가 편히 세상을 떠나는 것)을 의미합니다. 민간에서 전승되어 온 5가지의 복이란, 1) 치아가 좋은 것(이가 좋아서 잘 먹을 수 있는 것), 2) 자손이 많은 것, 3) 부부가 함께 오래 사는 것, 4) 손 대접할 것이 있을 만큼 넉넉하게 사는 것, 5) 명당에 묻히는 것 등이었습니다.

이런 것들이 좋은 것이긴 하지만 하나님의 백성은 이것보다 더 좋은 복을 구하고 누려야 할 것입니다. 우리가 살펴본 8복은 이러한 물질적 · 현세적 복보다 더 귀하고 가치 있는 복입니다. 심령이 가난한 사람은 복이 있어 천국을 얻습니다. 애통하는 사람은 복이 있어 위로를 받습니다. 온유한 사람은 복이 있어 땅을 기업으로 받습니다. 의에 주리고 목마른 사람은 복이 있어 배부르게 됩니다. 긍휼히 여기는 사람은 복이 있어 긍휼히 여김을 받습니다. 마음이 청결한 사람은 복이 있어 하나님을 보게 됩니다. 화평하게 하는 사람은 복이 있어 하나님의 아들이라 불리게 됩니다. 의를 위하여, 주님을 위하여 박해를 받는 사람은 복이 있어 천국을 얻게 됩니다.

예수님께서 말씀하신 복은 부귀영화와 같은 이 세상적인 복보다 훨씬 더 귀하고 가치 있는 복입니다. 예수님이 가르쳐 주

신 복, 하늘에서 내려온 복을 누리면 우리의 삶은 다음과 같이
바뀌게 됩니다.

우리 자신의 모습이 예수님을 닮아가게 됩니다.

우리의 삶과 인격과 성품이 예수님처럼 거룩해집니다. 예
수님처럼 어떤 환경에서도 늘 평안함을 누릴 수 있습니다. 주님
께서 말씀하신 것처럼 무엇을 먹을까 무엇을 마실까 염려하지 않
고 먼저 하나님의 나라와 그 의를 구하는 삶을 살 수 있습니다.
온유하고 의롭고 청결한 심령을 가질 수 있습니다. 우리의 삶과
인격 속에 성령님께서 주시는 열매를 맺을 수 있습니다. 사랑,
희락, 화평, 오래 참음, 자비, 양선, 충성, 온유, 절제와 같은 성
령의 열매를 맺을 수 있습니다. 이 세상 살면서 우리가 이루어야
할 가장 귀하고 아름다운 목표는 거룩한 인격과 성품을 가지는
것입니다. 예수님께서 가르쳐 주신 복, 하늘에서 내려온 8가지
복을 사모하고 구하는 삶을 사심으로 우리의 인격과 성품이 예
수님을 닮아가게 되기를 간절히 바랍니다.

하나님의 임재하심을 체험하게 됩니다.

온 우주의 창조자이시며 운행자이신 하나님께서는 언제
나 우리 곁에 계십니다. 이 세상 그 어느 곳도 하나님의 눈길과

손길에서 벗어날 수 있는 곳은 없습니다. 저 하늘 높은 곳까지, 저 땅 속 깊은 곳까지, 우리 심령의 가장 깊은 곳까지 하나님의 눈길과 손길은 언제나 이르고 있습니다. 그러나 하나님은 또한 숨어계신 분이시며, 보이지 않게 섭리하시는 분이십니다. 그러므로 하나님께서 온 세상을 충만하게 채우고 계시지만 우리 인생들이 그 손길을 느끼지 못할 때가 많습니다. 우리가 예수님이 가르쳐 주신 복, 하늘에서 내려온 복을 사모하고 누리게 되면 하나님의 손길을, 하나님의 임재하심을 생생하게 체험할 수 있습니다. 평소에는 공기가 우리를 감싸고 있음을 느끼지 못하지만 거센 바람이 불면 공기의 존재를 생생하게 느끼게 됩니다. 늘 우리를 감싸고 있던 그 공기가 바람이 되어 거대한 파도를 일으키는 모습을 볼 수 있습니다. 큰 나무의 가지들을 거세게 흔들며 지나가는 것을 보고 느낄 수 있습니다. 이와 마찬가지로 우리가 예수님이 가르쳐 주신 복, 하늘에서 내려온 8가지 복을 사모할 때 하나님의 손길과 임재하심을 생생하게 느낄 수 있습니다. 주님의 위로하심을 느낄 수 있습니다. 심령의 눈이 밝아져 하나님을 볼 수 있습니다. 늘 8복을 사모하심으로 하나님의 임재하심을 체험하시기 바랍니다.

영원한 세계로 들어가게 됩니다.

188

동문선

우리 인생들은 유한한 시간 속에서 살아가고 있습니다. 아무리 건강한 사람도 100년 넘게 사는 것이 쉽지 않습니다. 이 글을 쓰고 있는 저나 이 글을 읽고 있는 여러분이나 얼마의 시간이 흐르고 나면 이 땅 위에서 모두 다 소멸될 것입니다. 생명이 없는 돌덩이에 불과하지만 긴긴 세월을 버텨온 바위를 보면 경이로운 감정이 생깁니다. 우리 인생들보다 더 낮은 생명이지만 수천 년을 살아온 거목(巨木)을 보면 신비스러운 느낌을 받습니다. 왜 그렇습니까? 우리들보다 더 긴 세월을 존속해 왔기 때문입니다. 밤하늘을 수놓는 화려한 불꽃이 아무리 장관을 이루어도 덧없이 여겨집니다. 왜 그렇습니까? 한순간 나타났다 곧 사라져 버리기 때문입니다. 하나님께서는 우리 인생들의 심령 가운데 영원을 향한 간절한 소원을 심어 주었습니다. 아무리 크고 화려해도 일순간 사라지는 것은 가치가 없습니다. 주님께서 가르쳐 주신 복, 하늘에서 내려온 8가지 복을 사모하고 누리게 되면 우리는 영원한 세계로 들어가게 됩니다. 우리가 비록 덧없고 짧은 인생 살아가고 있지만 8복을 통하여 영원한 세계로 들어갈 수 있습니다. 영원한 천국의 백성이 되며, 영원하신 하나님의 자녀가 됩니다. 하나님이 주시는 복된 기업을 받게 됩니다. 8복은 영원한 세계를 열어 주는 거룩한 문입니다. 이 문으로 들어가 영생의 복을 누리시기 바랍니다.

필자 소개

이   름 : 노치준
생년월일 : 1956년 3월 1일생

학   력 : 신일고등학교 졸업(1975)
　　　　　고려대학교 사회학과 졸업(1979)
　　　　　서울대학교 대학원 사회학과 졸업 : 사회학 석사(1982)
　　　　　연세대학교 대학원 사회학과 졸업 : 종교사회학 박사(1990)
　　　　　호남신학대학교 신학대학원 졸업 : 교역학 석사(1999)

경   력 : 장로회신학대학교, 성결대학교, 호남신학대학교 강사
　　　　　광주대학교 교수(2002. 2 사임)
　　　　　다일복지재단 이사 및 대외협력이사, 호남기독학원 이사
　　　　　광주다일교회 담임목사(2000.3-2008.3)
　　　　　광주양림교회 담임목사(2008. 4-현재)

저   서 : 《일제하 한국기독교 민족운동 연구》(한국기독교역사연구소, 1993)
　　　　　《한국의 교회조직》(민영사, 1995)
　　　　　《한국 개신교 사회학》(한울, 1998)

역   서 : 리차드 니버 저 《교회분열의 사회적 배경》(종로서적, 1983)
　　　　　라이트 & 켈리 저 《사회학 입문》(한울, 1986)
　　　　　에밀 뒤르케임 저 《종교생활의 원초적 형태》(민영사, 1992)
　　　　　김교신 저 《조와 弔蛙》(동문선, 2001)
　　　　　데이비드 F. 포드 《신학이란 무엇인가》(동문선, 2003)

하늘에서 내려온 8가지 복

초판발행 : 2010년 10월 20일

東文選
제10-64호, 78. 12. 16 등록
110-801 서울 종로구 계동 140-41
전화 : 737-2795

ISBN 978-89-8038-669-7 03230